Lutje · Petersen

Seelsorge im Dialog

Sabine Lutje · Harald Petersen

Seelsorge im Dialog

Ehrenamtliche gewinnen, ausbilden und begleiten

Schwabenverlag

Unter der Adresse
https://www.verlagsgruppe-patmos.de/978-3-7966-1852-9
sind unterstützende Materialien für Kurse abrufbar.

Inhalt

III. Abschluss der Ausbildung

IV. Umsetzungshilfen

Seelsorge und Ehrenamt

Anstelle eines Vorworts: Eine geschichtlich-theologische Einordnung von Peter Frör

[1]In den Ausschreibungen für Kurse, die in Münchener Krankenhäusern seit vielen Jahren angeboten werden, um auf die Mitarbeit von Ehrenamtlichen in der Seelsorge vorzubereiten, steht der Satz:

> »Für uns ist Krankenhausseelsorge seit vielen Jahren ohne die Mitarbeit der Ehrenamtlichen, die kranken Menschen etwas von ihrer Zeit, ihrer Kraft und ihren Fähigkeiten zur Verfügung stellen, nicht mehr denkbar.«

Dass Seelsorge ohne die Mitarbeit der Ehrenamtlichen nicht mehr denkbar ist, ist zunächst eine Erfahrung und eine Notwendigkeit. Im Krankenhaus: Wie sollten die vielen Krankenstationen versorgt, wie sollte hier seelsorgerische Präsenz gewährleistet werden, wenn man diese Aufgabe allein den Hauptamtlichen überließe? Eine sinnvolle Einteilung und Qualität der Arbeit wäre nicht möglich. Seelsorge im Krankenhaus zusammen mit Ehrenamtlichen jedoch stärkt die Wahrnehmung, dass die Kirche ihre Aufgabe ernst nimmt, und damit die Akzeptanz und Relevanz von Seelsorge.

1 Die folgenden Überlegungen beruhen auf einem Vortrag, der am 20. Mai 2002 in Hannover anlässlich von 20 Jahren Bestehen des dortigen ehrenamtlichen Seelsorgedienstes in den Krankenhäusern gehalten wurde.

Dies lässt sich mittlerweile auch auf viele pastorale Handlungsfelder wie die Senioren- oder Gemeindeseelsorge übertragen.

Dass Seelsorge der Kirche ohne die Mitarbeit von Ehrenamtlichen nicht mehr denkbar ist, ist aber erstaunlicherweise eine noch relativ junge Entdeckung. Sie verdankt sich dem veränderten Seelsorgeverständnis, das sich seit Beginn der 1970er-Jahre in unserem Land immer mehr durchgesetzt hat, und das unter den Begriffen »Seelsorgebewegung« und »Pastoralpsychologie« bekanntgeworden ist.

Hintergrund ist die Entdeckung, wie wichtig die eigene Person in der Seelsorge ist. Ich selbst bin das Instrument meiner Seelsorge, wenn ich Menschen begegne. Wer bin ich? Wie bin ich der Mensch geworden, der ich bin? Was sind meine Stärken, was sind meine Schwächen? Welchen Zugang habe ich zu meinen eigenen Gefühlen? Wie steht es mit meiner Wahrnehmungs- und Spürfähigkeit? Wie geht es anderen mit mir? Wie gehe ich mit anderen um?

Es ging kein Weg mehr daran vorbei, die eigene Person in der seelsorgerischen Ausbildung und Praxis zu thematisieren. Die Erfahrungen, die dabei gemacht werden, führen unweigerlich zu der Einsicht, dass alle Christen, auch die nichtordinierten, Gaben zur Seelsorge im vollen Umfang in sich tragen.

So ist der Blick wieder frei geworden zu einer grundlegenden Erkenntnis, die sich schon der Reformation verdankt und die vom allgemeinen Priestertum aller Glaubenden spricht, von der Taufe als dem Datum der Ausstattung mit dem Heiligen Geist, der uns mit den Gaben beschenkt, die die Gemeinde für ihr Leben braucht. Ehrenamtliche in die Aufgabe der Seelsorge einzubeziehen – die Seelsorge an den Kranken steht dafür exemplarisch –, ist somit das Nachvollziehen einer auf Erfahrung beruhenden Einsicht, ist aber auch eine theologische und eine geistliche Konsequenz.

Wie steht es nun damit, dass die einen – die Hauptamtlichen – für diese Aufgabe bezahlt werden, und dass die anderen – die Ehrenamtlichen – an dieser Aufgabe unentgeltlich teilnehmen, eben ehrenamtlich?

Zunächst das Gemeinsame: Hauptamtliche und Ehrenamtliche haben an demselben Seelsorgeauftrag teil. Da ist kein Unterschied, weder in der Qualität noch in der Würde der Aufgabe. Die der Seelsorge bedürfen, sollen besucht werden. Dafür müssen Menschen da sein. Einer oder eine soll da sein, um sich umzusehen, wer die sind, die da krank sind oder in einer Not, soll aufmerksam sein, wie es um sie steht, wie sie ihre eigene Situation sehen und wo sie Trostbedürfnis erkennen lassen.

Allerdings steckt in dieser gemeinsamen Aufgabe auch ein enormes Sprengpotenzial. Denn es bedeutet, dass die Ehrenamtlichen, die wie die Hauptamtlichen Kranke, Alte oder Sterbende besuchen und ihnen ein Seelsorgeangebot machen, darauf gefasst sein müssen, dass die Betreffenden dieses Angebot auch eingelöst haben wollen. Es geht also nicht, dass z. B. die geistlichen Fragen, die das Kranksein bei einem Menschen auslöst, eine Sache der Hauptamtlichen wären und sich die Ehrenamtlichen auf einen rein zwischenmenschlichen Besuch beschränken könnten. Wenn schon gemeinsamer Auftrag, dann auch gemeinsames Anforderungsprofil!

In der Krankenhausseelsorge in München sind die Ausbildungskurse für die Ehrenamtlichen deswegen so ausgerichtet, dass diese nach erfolgreichem Abschluss dazu in der Lage sein sollen, selbstverantwortlich die Seelsorge auf ihrer Station zu tun und zu repräsentieren. Die Kursteilnehmenden merken sehr schnell, dass es hier nicht um die Zurüstung für einen pastoralen Hilfsdienst geht, sondern um die Einführung in die gesamte seelsorgerische Verantwortung. Wenn sie dann im Laufe des Weges durch den Kurs erschrecken vor der Tragweite dessen, auf was sie sich da eingelassen haben, umso besser. Es ist nämlich leicht, zu behaupten, dass die Ehrenamtlichen an der geistlichen Aufgabe der ganzen Kirche teilhaben, und es ist sehr schwer und immer wieder neu erschreckend, sich diesem Anspruch zu stellen und ihn in der konkreten Begegnung einzulösen.

Letztlich gilt, dass die Ehre des Ehrenamts nicht darin bestehen kann, dass man diese Arbeit eben unbezahlt tut, sondern darin bestehen muss, an einer hoch anspruchsvollen und würdigen Aufgabe teilzuhaben – nämlich Menschen, die dessen bedürfen, ein glaubwürdiges und überzeugendes menschliches und geistliches Angebot der Unterstützung zu machen.

Wie soll es nun gelingen, dass Hauptamtliche und Ehrenamtliche den Anspruch dieser Aufgabe einlösen?

Sicherlich ist es notwendig, in Ausbildung und Begleitung die eigene Person als Instrument der eigenen Seelsorge immer neu wahrzunehmen, kritisch und mutig die eigene Weise zu kommunizieren zu hinterfragen, sich mit dem Feedback der anderen aus der Gruppe auseinanderzusetzen, Kenntnisse zu gewinnen und so für die Seelsorge zu lernen. Aber letztlich gilt es, darauf zu vertrauen, alle Gaben in sich zu tragen, die notwendig sind, dieser Aufgabe gewachsen zu sein.

Es ist meine Erfahrung geworden über die Jahre, da ich Ehrenamtliche in ihrer Seelsorge begleite und beobachte, dass es gerade die nicht-gelernten, spontanen, aus der Tiefe der Person kommenden Reaktionen und Aktionen sind, die Menschen guttun.

Seelsorge wird dann lebendig und wirksam, wenn an die Stelle der Frage, wie ich es richtig und besser machen kann, die Aufmerksamkeit für den anderen Menschen tritt, das behutsame Zuhören und das damit einhergehende Vertrauen, dass ich, wenn ich in Beziehung bin und bleibe zum anderen, zu mir und zu Gott, etwas Gutes geschehen wird. Habe ich doch schon oft die Erfahrung gemacht, dass gerade die Situationen, in denen ich mich am meisten überfordert gefunden habe – sprachlos gemacht von dem Leid, dessen Zeuge ich gerade werde, ohnmächtig geworden im Beherrschen der Situation –, oft das Entscheidende geschieht, was mich und den anderen weiterbringt.

In der Bibel heißt es an einer Stelle, dass die Kraft in der Schwachheit vollendet wird (2 Kor 12,9); Johann Sebastian Bach formuliert es in einer Motette so, dass dann der Geist unserer Schwachheit aufhilft. Konkret heißt das, dass die Prozesse, in die wir in der Seelsorge involviert werden, allemal das menschliche Begreifen und den menschlichen Verstand und das menschliche Beherrschen übersteigen, und dass das gemeinsame Zugeben dieser Wahrheit zu neuen überraschenden Erkenntnissen führt.

Die Chance, die darin liegt, dass Ehrenamtliche in der Seelsorge mitarbeiten, ist ja gerade, dass auf diese Weise die Vielfältigkeit der Gaben und Prägungen ihren Ausdruck und ihre Bekräftigung findet. Und diese Vielfältigkeit, Unberechenbarkeit, Nicht-Kontrollierbarkeit ist ein Kennzeichen des Heiligen Geistes. Sie ist für die Menschen überzeugend und für Seelsorge konstitutiv.

Wie aber nun geht das zusammen: einerseits das hohe Anforderungsprofil, andererseits diese Offenheit und Unkontrollierbarkeit? Darin liegt die Herausforderung.

Die Herausforderung betrifft aber auch die Hauptamtlichen, die die Ausbildung verantworten. Sie stehen vor einer doppelten Aufgabe: Einerseits erleben sie etwas von der Gleichwertigkeit und Gleichrangigkeit der Ehrenamtlichen, andererseits setzt man bei ihnen einen größeren Grad an Verantwortung und Erfahrung voraus. Das kann zu Spannungen und Konflikten führen, wenn das Konzept dieses Zusammenspiels nicht klar ist.

Wir in München haben uns angewöhnt, von »Begleitung« der Ehrenamtlichen zu sprechen. Die Begleitung geschieht in der Gruppe. Wir sorgen in der Regel dafür, dass eine Begleitgruppe von zwei Hauptamtlichen verantwortet wird. Ich halte es für eine große Herausforderung, der Aufgabe gerecht zu werden, Ehrenamtliche zu begleiten. Nirgends lässt sich ein Hauptamtlicher in seinem Beruf mehr in die Karten schauen als hier. Und es gibt immer einen ziemlich deutlichen Indikator, ob das Verhältnis stimmt: nämlich den, ob die Ehrenamtlichen bleiben und gern mitarbeiten, oder ob sie weggehen.

Die Gruppe ist also der Ort der Zugehörigkeit; sie sichert die Qualität der geleisteten Arbeit: In ihr werden die eigenen aktuellen Seelsorgeerfahrungen reflektiert, es gibt theoretische und inhaltliche Inputs, das Wesentliche geschieht in persönlichem Austausch. Seelsorge kann niemals auf eigene Faust geschehen, sie ist immer angewiesen auf Gemeinschaft. Hier kann man erfahren, dass das Tätigsein in der Seelsorge auch das Miteinander mit anderen Menschen bereichert und vertieft, nicht zuletzt auch das persönliche Leben.

Jesus, der das Reich Gottes verkündet hat und Kranke heilte, hat nicht umsonst gesagt: »Nicht die Gesunden bedürfen des Arztes, sondern die Kranken« (Mt 9,12). In unseren Zusammenhang übersetzt heißt das: Wer zu den Kranken geht in seinem Namen, der macht Erfahrungen, die mit dem Reich Gottes zu tun haben; der nimmt nicht nur an unheilvollen, sondern an höchst bedeutsamen Prozessen teil, die auch das eigene Leben heilen und bereichern. Solche Erfahrungen lassen immer tiefer verstehen, was mit dem Reich Gottes gemeint ist. Dies haben die, die zu den Kranken gehen, denen voraus, die dies nicht tun. Es ist also nicht einfach die Lust. Manchmal gehe ich gar nicht gern auf meine Stationen, ich muss mich aufraffen und dazu zwingen. Aber wenn ich dann dort war, habe ich jedes Mal das Gefühl, dass es gut war, dass ich mich aufgerafft habe.

Die Freude an dieser Arbeit muss immer ein wenig größer sein als die damit verbundenen Belastungen und Enttäuschungen. Sonst würden über kurz oder lang auch die motiviertesten Mitarbeitenden aufhören.

Weil das Leben auch für hochmotivierte Ehrenamtliche nicht ohne Belastungen abgeht, ist es umso wichtiger, immer wieder alles zu tun, um diese Belastungen zu reduzieren, wo es möglich ist. Das steht wie immer zunächst in der Verantwortung der Einzelnen: Ehrenamtliche sollten in der Lage sein, ihre Situation zu erkennen und dort zur Sprache zu bringen, wo das hingehört, und das ist in diesem Zusammenhang nun einmal bei den verantwortlichen Hauptamtlichen. Und gemeinsam ist es dann die Aufgabe, herauszufinden, wie Belastungen angegangen werden können.

Ehrenamtliche sind viel zu wertvoll und in der Kirche ein viel zu hohes Gut, als dass man es riskieren dürfte, ihre Mitarbeit aus Gründen zu verlieren, die veränderbar sind.

Für die Zukunft heißt das: Seelsorge ohne Ehrenamtliche ist nicht mehr denkbar. Wo das noch nicht selbstverständlich ist, soll es selbstverständlich werden. Und wo es schon geschieht, soll es so bleiben und weiterentwickelt werden.

Die Ehrenamtlichen, die sich für eine Mitarbeit in der Seelsorge entschieden haben, sind so etwas wie Vorreiter geworden für das Verständnis von Ehrenamt in der Kirche überhaupt.

Die gemeinsame Aufgabe bestimmt den Wert und die Würde der Mitarbeit. Alles andere folgt daraus. Und weil es eine Aufgabe der Kirche bleibt, sich um die Kranken zu kümmern, das Reich Gottes zu verkündigen, heilend tätig zu werden, Segen zu bringen und die Kraft des Gebets zu repräsentieren, wird es auch weiterhin notwendig sein, dass Ehrenamtliche sich dieser Aufgabe zusammen mit den Hauptamtlichen annehmen.

Was dabei herauskommen kann, ist ein dreifacher Gewinn für alle:

1. Kirche bleibt lebendig, wenn sie möglichst umfassend von den Kranken lernt. Das gilt für Angehörige, für Gemeinden, für Jugendliche und Alte, für Hauptamtliche und Ehrenamtliche. Hier sind die Türen offen für das gelebte Evangelium, nicht nur buchstäblich, sondern auch im übertragenen Sinn. Hier können Menschen, die es dringend nötig haben, das Angebot von Seel-

sorge erfahren, und hier kann Kirche exemplarisch erfahren, wofür sie auf der Welt da ist. Ein gemeinsamer, immer wieder neuer und spannender Lernprozess.

2. Das Zusammenspiel der Ehrenamtlichen mit den Hauptamtlichen kann in diesem Feld modellhaft eingeübt werden. Wo dieses Zusammenspiel gelingt, eröffnet sich eine Fundgrube von Erfahrungen, die für die Kirche überhaupt nützlich sind. Hier wird vor Ort buchstäblich in konkreten Prozessen an dem gefeilt, was reformatorisch Amt in der Kirche bedeutet. Die Konflikte, die auftreten, sind beispielhaft. Mich überzeugen die Erfahrungen über die Jahre, die ich in diesem Feld gemacht habe, dass wir uns mit einer evangelischen Auffassung von Amt in dieser Hinsicht nicht zu verstecken brauchen. Wie es scheint, ist es sogar für das ökumenische Gespräch ein wichtiger Beitrag, dass Christen anderer Kirchen hier auf den Geschmack kommen und die Auseinandersetzung um das Ehrenamt und seine Verantwortung nicht mehr verstummt

3. Ehrenamtliche, die Seelsorge kennen und praktizieren, können die Tragweite dessen, was sie hier tun, nicht nur für das eigene Leben, sondern für die Gemeinde und Kirche überhaupt am allerbesten einschätzen. Dass in einer Zeit abnehmender kirchlicher Prägung und Relevanz, auch knapper werdender Mittel, es unverändert einen »Wachstumsfaktor« gibt, nämlich Seelsorge, dafür sind sie Zeugen – das können und sollen sie vertreten, wenn Auseinandersetzungen um die Prioritäten notwendig werden. Sie sind eine lebendige Erinnerung daran, wofür Kirche auf dieser Welt da ist. Dieser Schatz soll ihnen nicht genommen werden.

Prolog zum Dialog

Seelsorge im Dialog – was für ein spannendes Thema!

Dabei blicken wir auf einen speziellen Aspekt der Seelsorge: das seelsorgliche Gespräch. Seelsorge kann viele Gesichter haben, man kann auch viele Tätigkeiten in einer seelsorglichen Grundhaltung ausüben. Aber hier geht es ausdrücklich um ein Gespräch zwischen einer seelsorgenden und einer besuchten Person, das in einem vertraulichen Rahmen stattfindet und im besten Fall der besuchten Person ermöglicht, seine oder ihre Gedanken zu sortieren, während sie sich der seelsorgenden Person erklärt. Die Form dieses Gespräches ist ein Dialog.

Das Besondere an diesem Buch ist, dass wir darin eine Ausbildung für ehrenamtliche Mitarbeiterinnen[2] in der Seelsorge vorstellen. Das Thematisieren der Seelsorge und der dazugehörenden Gesprächstechniken in der Gruppe führt auch zu einem Kursgeschehen in Dialogen.

Die Idee zur Ausbildung Ehrenamtlicher für die allgemeine Seelsorge entstand ebenfalls in einem Dialog, und zwar zwischen meiner Seelsorgelehrerin Irma Biechele und mir. Irma Biechele hatte viele Jahre lang die Ausbildung und Begleitung Ehrenamtlicher in der Krankenhausseelsorge im Klinikum Großhadern betreut und war nun für den

2 Zugunsten einer leichteren Lesbarkeit werden wir darauf verzichten, alle Personenbezeichnungen durchgängig zu gendern. Wenn von »Kursteilnehmerinnen« oder »Seelsorgerinnen« die Rede ist, fühlen Sie sich bitte auch angesprochen, wenn Sie sich nicht weiblich definieren. Da sich bisher im Kreis der Teilnehmenden mit großem Abstand am häufigsten Frauen finden, haben wir uns für die weibliche Form entschieden.

Fachbereich Pastoralpsychologische Bildung (KSA) im Ordinariat München zuständig. Ich war gerade mit meinem zweijährigen Pastoralkurs fertig und begann meine Tätigkeit als Pastoralassistent im Pfarrverband Holzkirchen. Im Gespräch zwischen uns entstand die Idee, das Konzept der Ausbildung ehrenamtlicher Mitarbeiterinnen in der Krankenhausseelsorge auch in die Gemeindeseelsorge zu übertragen.

Gesagt – getan: Irma Biechele steuerte die pastoralpsychologische Kompetenz und die Erfahrung in der Ausbildung Ehrenamtlicher bei und ich organisierte den Kurs vor Ort, requirierte die ersten Teilnehmerinnen und entwickelte ein Konzept für die Ausbildung und den späteren Einsatz der Ehrenamtlichen in der Seelsorge des Pfarrverbands. So konnte im Winter 2015 die erste Ausbildung ehrenamtlicher Mitarbeiterinnen in Seelsorge starten.

Diesen ersten Seelsorgekurs für Ehrenamtliche habe ich als Teilnehmerin durchlaufen. Dabei sind mir viele Sachverhalte und Techniken begegnet, die ich schon aus dem Studium kannte: Meine »Grundausbildung« war ein Studium der Kommunikationswissenschaft, Politik und Psychologie. Erfahrungen mit der Verschwiegenheitspflicht und dem Verantwortungsgefühl für Menschen, die mir anvertraut sind, konnte ich über viele Jahre in meiner Naturheilpraxis und in ehrenamtlichen Diensten in meiner Pfarrgemeinde sammeln. Als ich dann gefragt wurde, ob ich Ausbilderin für einen solchen Kurs sein möchte, war das ein folgerichtiger nächster Schritt.

Und nun haben Sie noch einen Grund kennengelernt, warum das Buch »Seelsorge im Dialog« heißt: Die Autorin und der Autor, die als Ausbildergespann seit vielen Jahren Seelsorgeausbildungen für Ehrenamtliche halten, werden sich immer wieder persönlich zu Wort melden, um ihre Sicht der Dinge zu erläutern. Harald Petersens Äußerungen sind in Blau geschrieben, Sabine Lutjes Beiträge in Rot. Beide sind jeweils mit einem eigenen Icon gekennzeichnet. Dann sehen Sie gleich, wer in diesem »Dialog« gerade spricht.

An manchen Stellen kommen auch Kursabsolventinnen zu Wort. Ihre Texte sind grün gedruckt und mit einem Gruppenicon gekennzeichnet.

Der Fließtext in schwarz erklärt Inhalte und den Kursablauf sowie die Umsetzung.

Wichtige Inhalte finden Sie in Informationskästen, wie hier beispielhaft eine kurze Zusammenfassung der Seelsorgeausbildung, wie sie auch in unseren Flyern für die Ausbildung zu finden ist.

Und natürlich stehen wir in einem ständigen Dialog mit den Seelsorgenden, die die Ausbildung Ehrenamtlicher in (Krankenhaus-) Seelsorge ins Leben gerufen und ständig weiterentwickelt haben. Die Auseinandersetzung mit ihren Erfahrungen, ihrem Wissen und ihren Skripten ist essenzieller Bestandteil dieses Buches. Vor allem sei an dieser Stelle Peter Frör genannt.

Ausbildungskurs für ehrenamtliche Mitarbeiter*innen in der Seelsorge

Was wir anbieten

Eine Ausbildung für Ehrenamtliche, die lernen wollen, Menschen zu besuchen und sie seelsorglich zu begleiten.

Die Kursteilnahme soll

denen, die sich darauf einlassen, einen persönlichen Gewinn bringen und so ihrer Persönlichkeitsentwicklung dienen;

- einen Freiraum bieten, sich in den eigenen Fähigkeiten zur Kommunikation und Begleitung auszuprobieren;
- auf eine ehrenamtliche Tätigkeit in der Seelsorge vorbereiten.

Am Ende des Kurses wird gemeinsam mit den Verantwortlichen vor Ort über einen ehrenamtlichen Einsatz in der Seelsorge entschieden.

Wie wir arbeiten
Die Kursarbeit geschieht durch

- theoretische Einführungen
- praktische Übungen
- Besprechung von Gesprächsprotokollen (Verbatim)
- Arbeit an der eigenen Person
- Praktikum in der Pfarrgemeinde oder einer sozialen Einrichtung
- Begleitung durch bereits ausgebildete Ehrenamtliche

Was Sie mitbringen

- Bereitschaft zur regelmäßigen und verbindlichen Teilnahme an den Ausbildungstagen und -abenden und am Praktikum
- Anfertigung eines Gesprächsprotokolls (Verbatim)
- Auseinandersetzung mit dem eigenen Glauben

Was auf Sie zukommt
Sie werden in diesem Kurs etwas lernen über

- menschliches Verhalten und Fühlen
- Gesprächsführung
- pastoralpsychologische Grundkenntnisse
- aufsuchende Seelsorge
- Umgang mit Krisensituationen
- Kranksein und Gesundsein
- Altwerden und Leben im Alter
- Leben mit geistigem und/oder körperlichem Assistenzbedarf
- seelische und soziale Not
- Umgang mit Tod, Sterben und Trauer
- und am meisten über sich selbst

Wie gehen Sie jetzt am effektivsten mit diesem Text um? Das hängt davon ab, mit welcher Fragestellung Sie an ihn herangehen.

Spielen Sie mit dem Gedanken, einen solchen Kurs in Ihrer Gemeinde umzusetzen und hinterher auf einen ehrenamtlichen Seelsorgekreis zählen zu können? Dann können Sie sich erst mit den Inhalten und Abläufen vertraut machen und dann die Umsetzungshilfen am Ende des Buches nutzen.

Möchten Sie gern selbst an einer Seelsorgeausbildung teilnehmen? Dann können Sie sich in beliebiger Reihenfolge durch Ablauf und Inhalte der Ausbildung schmökern. Wenn Sie sich einen schnellen Überblick über die Lerninhalte verschaffen möchten, dann überfliegen Sie die Wissenskästchen und die »Zeitraffer« am Ende jedes Kapitels.

Sie haben schon eine solche Ausbildung durchlaufen, sind womöglich auch aktives Mitglied eines Seelsorgekreises und möchten manche Inhalte wieder auffrischen? Nur zu, wiederholen und vertiefen Sie alle Inhalte, die Sie noch einmal genauer betrachten möchten – ergänzt durch die Kommentare des Autorinnen- und Ausbilderinnen-Duos.

Wir werden immer wieder gebeten, nochmal an bereits bearbeitete Kurskapitel anzuknüpfen. Selbstverständlich gibt es ein Handout für alle Teilnehmerinnen. Aber das ist natürlich nicht so komfortabel mit Erläuterungen und Praxiserfahrungen der Kursleitung ergänzt!

Am Ende jedes Kapitels finden Sie eine Kurzzusammenfassung namens »Zeitraffer«.

Hier also unser erster Zeitraffer:

Der Prolog im Zeitraffer

Der Titel »Seelsorge im Dialog« ist in mehrfacher Hinsicht zutreffend.

- Es geht um seelsorgliche Gespräche, die als Dialog stattfinden.
- Das Kursgeschehen bei der Ausbildung für diese Art der Seelsorge findet in Dialogen statt.
- Das Autoreninnenduo führt in den Kursen als Ausbildungsteam einen Dialog und ebenso in den Kapiteln dieses Buches.
- Das Autoreninnenduo steht im Austausch mit den Seelsorgenden, die vor und mit ihnen Ehrenamtliche in Seelsorge ausgebildet haben und ausbilden.
- Zur besseren Übersichtlichkeit gibt es speziell durch Icons gekennzeichnete Abschnitte:

Kommentare Harald Petersen (zusätzlich blau gedruckt)

Kommentare Sabine Lutje (zusätzlich rot gedruckt)

Kommentare ehemaliger Kursteilnehmerinnen (zusätzlich grün gedruckt)

Informationskästen

Zusammenfassung im Zeitraffer

I. Die theoretische Ausbildung Grundlagen und Methodik der Seelsorge

1. Biografiearbeit (Einführungstag)

Nach einem Auswahlabend und der erfolgreichen Bewerbung, auf die wir im Kapitel IV (Umsetzungshilfen) noch genauer eingehen werden, sieht sich die Kursgruppe zum ersten Mal am sogenannten Einführungstag. Dieser gesamte erste Kurstag ist dem Kennenlernen und der Biografiearbeit gewidmet.

Natürlich gelten für die Teilnehmerinnen der Ausbildung ehrenamtlicher Mitarbeiterinnen in Seelsorge (im Weiteren »Seelsorgeausbildung« genannt) auch die Phasen der Team- bzw. Gruppenentwicklung.

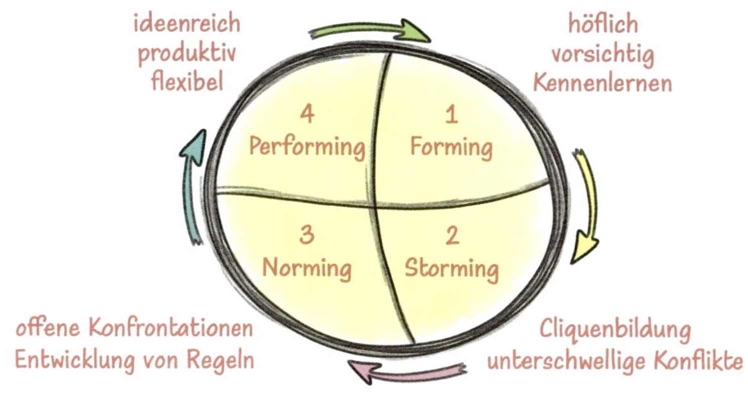

Abb. 1: Die Phasen der Teamentwicklung nach Bruce Tuckman[3]

3 Quelle: https://projekte-leicht-gemacht.de/blog/pm-methoden-erklaert/die-phasen-der-team entwicklung-wie-produktiv-ist-dein-team. 13.05.20.

Im klassischen Kurssetting wird zu Beginn einer Ausbildung meistens vor allem das höfliche, vorsichtige Kennenlernen methodisch gestaltet. In der Seelsorgeausbildung lernen sich die Gruppenmitglieder über ihre Lebensgeschichten kennen.

Mit der Arbeit an der eigenen Biografie werfen wir unsere Teilnehmerinnen gleich ins kalte Wasser. Wir möchten nicht herumtheoretisieren oder mit vorsichtiger Annäherung an das Thema einen Sicherheitsabstand etablieren. Die Teilnehmenden sollen gleich zu Beginn fühlen, wie eine Seelsorgesituation erlebt werden kann.

Die Teilnehmerinnen werden zu Beginn der ersten Einheit aufgefordert, ein Bild zu malen. Dazu bekommen sie einen DIN-A3-Block und Wachsmalkreiden. Das Bild hat das eigene Leben oder besser die eigene Lebensgeschichte zum Thema. Höhen und Tiefen sowie Wendepunkte des Lebens sollen künstlerisch-kreativ dargestellt werden. Dabei gibt es keinen Anspruch an die gestalterischen Fähigkeiten der Teilnehmenden. Die Bilder können gegenständlich, aber auch ganz abstrakt gestaltet werden.

Es überrascht mich immer wieder, welche Vielfalt und Schönheit die Künstlerinnen in 20 Minuten hervorbringen. Oft sind es gerade diejenigen, die den Arbeitsauftrag mit einem tiefen Seufzer (»ich kann gar nicht malen«) beginnen, die später wahre Kunstwerke präsentieren.

Die Leitfrage zur Gestaltung der Bilder lautet: Was soll die Gruppe unbedingt über mich (und mein Leben) wissen und während des Kurses nicht vergessen?

Nach der Einzelarbeit trifft sich die Gruppe wieder im Plenum und stellt der Reihe nach ihre Bilder vor. Im Zuge dieser kleinen Vernissage macht die Gruppe ihren ersten seelsorglichen »Besuch« bei jeder Teilnehmerin. Diese Einheit zieht sich über den gesamten Kurstag. Je nach Gruppengröße dauern die Besuche zwischen 30 und 40 Minuten.

Die Besuche werden von den beiden Kursleiterinnen moderiert und strukturiert. Sie beginnen damit, dass eine Teilnehmerin das eigene Lebensbild, ohne es zu kommentieren, der Gruppe vorlegt.

Allein das fällt vielen Teilnehmerinnen schon sichtlich schwer. Die Kursleitung muss oft der Besuchten ins Wort fallen, wenn sie sich einen Kommentar oder eine Relativierung nicht verkneifen kann. Es fallen dann Bemerkungen wie: »Ich bin mit meinem Bild gar nicht zufrieden …« oder »Ich habe versucht, Folgendes zu zeichnen, aber …« oder »Achtet bitte nicht auf die Gestaltung, ich konnte schon in der Schule nicht zeichnen …« oder Ähnliches.

Im Gegensatz dazu gibt es von den Besuchenden oft gegenteilige Kommentare, Einwürfe und erste Nachfragen. Auch diese gilt es an dieser Stelle zu vermeiden.

Die Erinnerung an die selbstauferlegte Zurückhaltung wird in der Regel aber mit der Zeit gut eingeübt, als sinnvoll erkannt und akzeptiert.

Die Gruppe soll so unvoreingenommen und uninformiert wie möglich den Bildern und ihren Schöpferinnen begegnen. Deshalb gibt es vor dieser Einheit auch keine längeren Vorstellungsrunden. Der Name und der Wohnort, manchmal das Alter und der Familienstand ist alles, was die Teilnehmerinnen voneinander wissen. Es sei denn, sie kennen sich schon vorher aus ihrem privaten Umfeld oder den Pfarrgemeinden.

Eine Kursteilnehmerin hat die Situation am ersten Kurstag in ihrem Abschlussbericht sehr deutlich und zutreffend beschrieben.

- Ich bin absolut ahnungslos und blauäugig in den Kurs gestartet.

Als Kursleitung muss ich sagen: Genau so soll es sein! Darin spiegelt sich im Kurs nämlich auch eine Situation aus der Seelsorge wieder. Die Teilnehmerinnen begegnen sich bei den Besuchen in der Kursgruppe, wie sie den Menschen später bei ihren seelsorglichen Besuchen in den Einrichtungen oder auch zu Hause das erste Mal begegnen: Sie wissen nur einen Namen, manchmal nur vom Schild neben der Zimmertür; vielleicht wissen sie das ungefähre Alter. Wenn sie Menschen auf dem Flur oder in einer Sitzecke treffen, wissen sie nichts über ihre Gesprächspartnerin.

Natürlich gibt es auch Situationen oder Besuche, in denen sich die Gesprächspartnerinnen bereits kennen.

Die Gruppe bekommt ein paar Minuten Zeit, in Stille das jeweilige Bild zu betrachten und auf sich wirken zu lassen.

Dabei gibt es verschiedene Typen von »Kunstkritikerinnen« unter den Teilnehmenden, was ich spannend zu beobachten finde. Manche lehnen sich entspannt zurück. Andere beugen sich angestrengt vor und einige springen sogar auf, um das Bild und seine Details aus nächster Nähe zu erkunden. Man merkt den Teilnehmerinnen oft an, dass ein bloßes Wirkenlassen der Bilder ungewohnt ist. Der Wunsch, genau zu erkennen, was da im Einzelnen gezeichnet wurde, Geschriebenes zu entziffern, Strichmännchen und -frauchen abzuzählen und Symbole zu erraten, ist sehr stark. Diese »detektivische« Neugier auf das Gegenüber ist gut und für uns in den Kursen sozusagen die Ausgangssituation, aus der heraus wir versuchen, ein seelsorgliches Interesse wachsen zu lassen.

In den Abschlussberichten nennt die überwältigende Mehrheit der Teilnehmerinnen auf die Frage »Wie bin ich in den Kurs hineingegangen?« Neugier, Interesse und Lust auf Neues als erste und stärkste Motive, sich für den Kurs in Seelsorge zu bewerben.

- Ich bin voll motiviert und neugierig in den Kurs gestartet.
- Ich war wissbegierig, fragend, ausprobierend, voller gespannter Erwartungen.
- Ich hatte Interesse, etwas Neues zu entdecken, und die Erwartung, etwas zu lernen.

- Ich bin als Suchende und mit Freude auf Unbekanntes in den Kurs gegangen.

Bis heute hat sich auch bei mir diese Neugier nicht gelegt. Wenn ich zum ersten Mal in eine Wohnung oder ein Zimmer im Altenheim komme, bin auch ich neugierig, was mich dort erwartet. Oft sind es die Bilder – besonders Familienbilder –, die mir als Erstes ins Auge fallen. Ganz automatisch fange auch ich an, auf den Bildern die Kinder und Enkel zu zählen. Ich versuche zu erraten, wer Sohn und wer Schwiegertochter ist. Ich abstrahiere von Wandkreuzen und geschmückten Marienstatuen auf die Frömmigkeit der Bewohnerin und aus den Möbeln, aus Häkeldeckchen und Sofakissen auf das soziale Milieu.

Mein Gehirn ist dann ähnlich schnell mit einem Urteil wie die Teilnehmerinnen im Kurs – bis meine »innere Kursleitung«, meist mit der Stimme meiner Seelsorgelehrerin Irma Biechele, einschreitet und mich zur Ordnung ruft. Dann versuche ich, mir einen Moment Zeit zu nehmen und Raum, Einrichtung, Bilder, Geruch, Farben, Licht, Stimmung, die vollgestellten Ecken, aber auch leere Flecken an den Wänden auf mich wirken zu lassen.

Wenn wir als Kursleitung die Gesprächsrunde eröffnen, fragen wir zunächst nach genau diesen Dingen: »Wie wirkt das Bild auf Sie?«, »Welche Farben und Stimmungen haben Sie wahrgenommen?« und »Welche Assoziationen kommen Ihnen beim Betrachten des Bildes in den Sinn?«

Auch an dieser Stelle spekulieren, raten und interpretieren die Teilnehmerinnen lieber, als den eigenen Empfindungen nachzugehen. Urteilen macht ja auch Spaß. Hier gilt es, mit dem richtigen Augenmaß nachzusteuern und immer wieder zur Fragestellung zurückzuführen. Am besten gelingt das, indem man Wortbeiträge anerkennt und verstärkt – allerdings ohne sie im »Lehrerecho« zu wiederholen. Jeden unpassenden, deutenden Wortbeitrag sofort abzubrechen, kommt bei den Teilnehmerinnen zu Recht als Gängelung an und lässt die Freude versiegen, sich einzubringen. Urteilende und wertende Wortbeiträge müssen dagegen auf jeden Fall unterbunden werden, kommen aber auch nicht oft vor.

Bereits in dieser Phase deuten sich die Gesprächsführungstalente der Teilnehmenden an: Wie aufmerksam und offen sind sie, um Hinweise auf Brüche und Wendungen in den dargestellten Lebenswegen und -situationen zu bemerken? Manche machen den Eindruck, dass sie ein gutes Gefühl für die »rauen Stellen« in den Darstellungen haben. Ich bekomme dabei immer große Lust, diese Teilnehmerinnen später in den ersten Gesprächssituationen zu erleben.

Finden sie dann auch die »rauen Stellen«, an denen man gut einhaken und ungeahnte inhaltliche Schätze heben kann? Und werden sie es schaffen, sich mit schnellen Einsortierungen und Vorurteilen zurückzuhalten, damit ihnen überhaupt »raue Stellen« auffallen können?

Die Kursleitung beteiligt sich ebenfalls am Gruppengespräch. Kommt ein lebendiges Gespräch in Gang, hält sie sich eher zurück. Gibt es Startschwierigkeiten oder stockt das Gespräch zu lange, bringt sie sich wieder stärker ein.

Dieses »Vorturnen« ist wichtig und lenkt die Aufmerksamkeit der Gruppe immer wieder auf die Hauptperson und die aktuelle Fragestellung zurück.

So entsteht im besten Falle über den ersten Tag hinweg und mit jedem weiteren Besuch bei den Teilnehmerinnen ein erstes, erlebnisbezogenes Verständnis von gleichschwebender Aufmerksamkeit[4] (wie

4 Gleichschwebende Aufmerksamkeit: eherner Leitsatz der psychoanalytischen Erkenntnishaltung und Methodologie (Psychoanalyse). Nach Sigmund Freud ist die Grundregel für Analytiker, sich nichts besonders merken zu wollen und allem, was man vom Analysanden zu hören bekommt, die nämliche »gleichschwebende Aufmerksamkeit« entgegenzubringen – also nicht seinen eigenen Neigungen und Voreingenommenheiten zu folgen, weil man sonst Gefahr laufe, »niemals etwas anderes zu finden, als man schon weiß«. In: Lexikon der Psychologie. www.spektrum.de/lexikon/psychologie/gleichschwebende-aufmerksamkeit/5984, 24.04.20.

es die Psychoanalyse nennen würde) – oder anders gesagt: einer Haltung der radikalen, nichtwissenden Neugier[5] im seelsorglichen Gespräch. Auch wenn wir die Teilnehmerinnen am ersten Tag noch nicht mit diesen Fachtermini belästigen.

Während dieser ersten Gesprächsrunde, die ca. fünf Minuten dauert, soll sich die »Künstlerin« nicht am Gespräch beteiligen. Erst danach ist sie aufgefordert, das Bild vorzustellen, zu beschreiben und von der eigenen Biografie zu erzählen.

Dabei erzählen die Teilnehmerinnen keine durchgängigen Biografien oder Lebensberichte. Lebensgeschichte besteht aus einzelnen Lebensgeschichten und Episoden, besonders wenn sie mündlich und spontan erzählt wird.

Anhand der Bilder und der Erzählungen kommt so, um es mit den Worten von Birgit Lattschar zu sagen, Fleisch auf das Gerippe des (tabellarischen) Lebenslaufs. Während der Lebenslauf lediglich die Daten eines Lebens aufzählt (z. B. 1981: Abitur), beschreibt die erzählte Biografie die dazugehörige Geschichte (»Also, das war so ...«). Man könnte den Lebenslauf auch als die »Außenseite« des Lebens begreifen, die Biografie aber als »Innenseite«.[6]

Wenn die »Künstlerin« hier ihr Gesamtkunstwerk in diese Lebensgeschichten und Episoden auflöst, erhalten gleichzeitig die anderen Gruppenmitglieder ein Feedback für ihre vorausgegangene persönliche Interpretation des Bildes: Deckt sich mein Eindruck von der Gesamtstimmung oder der Stimmung eines bestimmten Abschnittes mit den Erklärungen der »Künstlerin«? Bleiben Ungereimtheiten, über die ich mehr wissen möchte? Habe ich mit meiner Einschätzung ganz oder teilweise richtig oder danebengelegen?

5 Dagmar Kreitzscheck: Was willst du, dass ich dir tue? Über die Notwendigkeit der Arbeit mit inhaltlichen Kontrakten in der Klinikseelsorge, in: Wege zum Menschen. Jahr 2004, Band 56, Heft 5, Seite 417.

6 Vgl. Birgit Lattschar: Biografiearbeit in der Jugendhilfe. Aktualisierte Fassung des Artikels in: Unsere Jugend. Jahr 2012, Band 5, Seiten 194–203.

In den Erzählungen der Teilnehmerinnen zeigt sich etwas von der Komplexität von Lebensgeschichten. So kommen in den Erzählungen sowohl Beschreibungen von inneren Vorgängen, Entscheidungsprozessen und Entwicklungen vor als auch von äußeren Einflüssen, Schicksalsschlägen und sozialen Verstrickungen. Die Teilnehmerinnen erzählen von sich und von anderen für ihr Leben bedeutsamen Menschen. Auch Themen wie die eigene Sozialisierung oder die eigene Spiritualität kommen vor.

Vielen Teilnehmerinnen fällt hier auf, wie unterschiedlich verschiedene Menschen dieselbe Situation bewerten und verarbeiten. Interessanterweise finden die meisten automatisch zu einer achtsamen, zuhörenden Haltung, während sie wissen wollen, warum jemand in einer bestimmten Situation genau so und nicht anders gehandelt hat. Manchen liegt dabei intuitiv die Frage nach den Ressourcen auf der Zunge: »Du liebe Güte, wie hast du das bloß überstanden?« Da ergeben sich gleich Hinweise auf die Naturtalente in der Ressourcenarbeit. Diese Kurseinheit kommt zwar erst später, aber mancher Ansatz, den die Teilnehmerinnen bei der Biografiearbeit ganz von selbst verfolgen, lässt die Kursleitung schon jetzt hoffen!

Biografiearbeit

Lebensgeschichten sind komplexe Erzählungen. So kommen in den biografischen Erzählungen sowohl Beschreibungen von inneren Vorgängen, Entscheidungsprozessen und Entwicklungen vor als auch von äußeren Einflüssen, Schicksalsschlägen und sozialen Verstrickungen. Die Teilnehmerinnen erzählen von sich und von anderen für ihr Leben bedeutsamen Ereignissen und Menschen. Auch Themen wie die eigene Sozialisierung oder die eigene Spiritualität kommen vor.

Diese biografischen Erzählungen sind keine Tatsachenberichte – was natürlich nicht heißt, dass sie nicht der Wahrheit entsprechen. Aber sie sind subjektiv. Aus der Sicht einer anderen Person, z. B. der Eltern, würden sie vielleicht ganz anders klingen.

Was die Teilnehmerinnen erzählen, ist bereits ihre subjektive Verarbeitung des Erlebten und Erfahrenen. Diese ist bestimmt von der Vergangenheit, in der die Episoden erlebt wurden, aber auch von der Gegenwart, in der sie erzählt werden, und natürlich von der gegenwärtigen Situation der Kursgruppe und des Kontextes, in dem sie erläutert werden. Selbst die Zukunft spielt in den Erzählungen eine Rolle: Was wird sein, wenn ich das gesagt habe, wenn die anderen das wissen? Wie werden sie reagieren oder welche Reaktionen möchte ich erreichen?[7]

Die Biografien der Teilnehmenden beschreiben einen Ausschnitt daraus, wer sie sind, aber auch, wie sie in diesem Kurs gesehen werden wollen. Darauf zielt auch die Leitfrage ab. Zur Erinnerung: Was soll die Gruppe unbedingt über mich (und mein Leben) wissen und während des Kurses nicht vergessen?

Dass die Teilnehmerinnen in der Gruppe ihr emotional-intuitiv gestaltetes Bild zeigen und es dann auch noch kommentieren und erklären, macht sie für die anderen Gruppenmitglieder als Person sichtbar. Zwar ist das kein ungeschminktes Sichtbarwerden – jeder

7 Vgl. Veronika Fischer: Biografisches Lernen. In: Veronika Fischer: Handbuch interkulturelle Gruppenarbeit, Schwalbach [3]2007, Seiten 179–215.

entscheidet ja selbst, was er zeigt und wie er es zeigt. Aber sowohl die Auswahl der sichtbaren Themen als auch die Art der Präsentation und der Erklärung lassen klar erkennbare Rückschlüsse auf den jeweiligen Menschen zu.

Diese Art des Sichtbarwerdens macht verwundbar. Wer in dieser Verwundbarkeit aber die Wertschätzung der Gruppe erfährt, fühlt sich dann auch in der eigenen Unvollkommenheit gehalten und gestärkt. Damit dieser Effekt eintreten kann, ist es besonders wichtig, auf die speziellen Rahmenbedingungen dieser Gruppe hinzuweisen: Alles, was in diesem Kurs geschieht und gesprochen wird, ist vertraulich und unterliegt der Verschwiegenheitspflicht.

Nicht erst später, wenn man zur ehrenamtlichen Seelsorge beauftragt wird, besteht eine Verpflichtung auf das Seelsorgegeheimnis, sondern dieses existiert bereits während der Ausbildung!

Auf diese Selbstverpflichtung der Gruppenmitglieder und der Kursleitung zum Seelsorgegeheimnis ist auch deswegen besonders am Anfang des Kurses hinzuweisen, weil die Teilnehmerinnen – neben der Neugier – auch mit einer gehörigen Portion Unsicherheit in den Kurs starten.

- Zum ersten Ausbildungstag bin ich mit gemischten Gefühlen gefahren.
- Ich war leicht aufgeregt, was wohl auf mich zukommt, fragend und unsicher.
- Beim Einstieg in den Kurs war ich eher unsicher, teils auch ein wenig ängstlich.
- Ich war einerseits sehr neugierig, aber andererseits auch sehr unsicher, was da auf mich zukommt.
- Ich habe den Kurs mit etwas Skepsis, Unsicherheit und vielen Fragezeichen begonnen.
- Nach der Anmeldung packten mich bald Zweifel. Konnte ich das eigentlich? Hatte ich mir da nicht zu viel vorgenommen? War ich dafür überhaupt geeignet? Hatten nicht andere dafür eine

jahrelange Ausbildung gemacht, gar studiert, und hatten eine Zertifikation?

- In den ersten Einheiten war ich ausprobierend, vorsichtig, gespannt, zweifelnd und mit Bedenken voll.

Durch die gemeinsame Verpflichtung auf die Verschwiegenheit und das Seelsorgegeheimnis sorgen die Teilnehmerinnen dieses Kurses füreinander. So kann und darf jeder erleben, wie es ist, gesehen zu werden und sich dabei sicher zu fühlen. Nur wer diesen Prozess selbst durchlaufen hat, kann verstehen, was das Gesehenwerden für einen Menschen bedeutet, der Seelsorge in Anspruch nimmt.

Auch in der Praxis seesorglicher Gespräche mit älteren Menschen, aber auch mit Menschen in Krisen-, Umbruchs- oder Veränderungssituationen, sind Biografiegespräche sehr häufig. Durch den Rückblick aufs eigene Leben wird ein Ausblick in die Zukunft (erst) möglich. Die Erfahrung dieses Rückblicks, sowohl des eigenen als auch desjenigen der anderen Gruppenmitglieder im Rahmen des Kurses, kann für die späteren Seelsorgerinnen eine wertvolle Erfahrung für den Umgang mit den Lebensgeschichten der Menschen sein, die sie besuchen werden.

Für uns Christinnen fußt unser Glaube übrigens auch auf der Biografie eines Menschen. Die vier Evangelien erzählen in Ausschnitten vom Bios, von der Lebensgeschichte Jesu. Sie enthalten Episoden, die, auf unterschiedliche Weise komponiert, davon erzählen, wer Jesus war – bzw. wer er für diejenigen war, die seine Lebensgeschichte erzählen.

Im Anschluss an die Vorstellung des Bildes durch die Künstlerin beginnt das eigentliche Gruppengespräch. Jetzt sind alle Teilnehmerinnen aufgefordert, Nachfragen zu stellen, Feedback zu geben, Erinnerungen und Gefühle aus der eigenen Biografie dazuzulegen. Hier besteht die Aufgabe der Kursleitung vor allem darin, darauf zu achten, dass die Gruppe bei der Geschichte und der Person der Künstlerin bleibt.

Anfangs tun sich die Gruppenmitglieder oft schwer, dem Gegenüber etwas aus der eigenen Erfahrungs- und Gefühlswelt als Idee zum Weiterdenken anzubieten, ohne mit ihrer Aufmerksamkeit wieder bei sich selbst zu landen. Ein »Kunstfehler«, der auch mir und vielen anderen erfahrenen Seelsorgerinnen immer wieder unterläuft. Mit der Zeit schreitet aber die schon erwähnte »innere Kursleitung« hoffentlich immer schneller ein und stellt den Fokus wieder auf das Gegenüber ein.

Es gibt dazu ein wunderbares Video auf YouTube zu einem Vortrag von Brené Brown.[8] Darin geht es um den Unterschied zwischen Sympathie und Empathie, so wie diese Begriffe im Englischen verwendet werden. Beides sind Haltungen, die wir gegenüber anderen Menschen einnehmen können. Sympathie bedeutet wörtlich »mitfühlen« oder auch »mitleiden«. Im Gegensatz dazu ist mit Empathie das »Einfühlen« gemeint, also die Fähigkeit, sich in die Position eines anderen hineinzuversetzen und damit auch in die Empfindungen, die mit dieser Position verbunden sind.

Um empathisch zu sein, braucht es nach Brené Brown die Fähigkeit zur Übernahme einer anderen Perspektive, die Fähigkeit zur (Vor-) Urteilsfreiheit, die Fähigkeit, Gefühle erkennen zu können, und die Fähigkeit, diese Gefühle benennen und mitteilen zu können.

Am besten gelingt uns Empathie, wenn wir schon einmal selbst in einer ähnlichen Position waren (z. B. Liebeskummer, Verlust eines geliebten Menschen, Freude über einen Erfolg etc.). Um empathisch sein zu können, braucht es also zuerst einen Zugang zum eigenen emotionalen Erleben. Seelsorgende müssen in der Lage sein, sich mit den Gefühlen aus der eigenen Lebensgeschichte zu verbinden. Da ist etwas in mir, das etwas in dir (er-)kennt. So kann Kontakt und Beziehung entstehen. Darin liegt aber auch die Krux, bei dieser Innenschau nicht stillzustehen, sondern beim Gegenüber zu bleiben. Niemand fühlt genauso wie ich.

---

8 https://www.youtube.com/watch?v=1Evwgu369Jw

Wer später Seelsorge betreiben will, sollte also selber bereits in Kontakt mit seinen Gefühlen sein. Um die Perspektive zurechtzurücken, ist es auch hilfreich, selber schon einmal ein seelsorgliches Gespräch erfahren zu haben. In unserer Übung geht es aber um mehr.

Hier wird von Anfang an eine wichtige Grundhaltung für die Seelsorge eingeübt: Seelsorgliche Gespräche sind auf denjenigen fokussiert, der die Seelsorge in Anspruch nimmt. Wichtig ist nur diese Person in ihrer Situation, mit ihren Überzeugungen und Glaubenssätzen. Es handelt sich nicht um ein Kaffeekränzchen oder einen Plausch unter Freunden. Dabei würden sich nämlich zwei Menschen austauschen, wobei der Fokus mal auf dem einen, mal auf der anderen läge. Es handelt sich auch nicht um ein Therapiegespräch oder ein Coaching, weil beides zielgerichtet und lösungsorientiert ist. In einem seelsorglichen Gespräch aber geht es darum, die »Besuchte«, die das Gespräch in Anspruch nimmt, zu sehen – sie also möglichst wertfrei wahrzunehmen, wie sie sich uns darbietet. Und weil wir sie sehen, eröffnen wir ihr einen Raum, in dem sie sich reflektieren kann, in dem sie ihre Gedanken und Gefühle sortieren kann, während sie sich uns erklärt. Auch wenn es nur schwer auszuhalten ist: Diese Form des Gesprächs ist ergebnisoffen und darf nicht von unseren Wünschen und Bedürfnissen blockiert werden!

Dass wir diese Person wahrhaftig »sehen«, wird nur funktionieren, wenn wir uns wirklich für sie interessieren, empathisch mit ihr mitgehen und versuchen, ihren Standpunkt einzunehmen und damit ihre Perspektive zu sehen. Unsere eigenen Vorerfahrungen helfen uns dabei. Aber eben nur, wenn wir es schaffen, sie als Einstieg in unsere Betrachtungen zu nutzen. Wenn wir in unseren Vorerfahrungen verhaftet bleiben und dann nur über uns und unsere Sicht der Dinge grübeln, statt die Besuchte beim Reflektieren zu unterstützen, dann sind wir leider inhaltlich aus dem Gespräch ausgestiegen. Tricky!

Zum Schluss eines jeden Besuchs gibt es eine kurze Reflexionsrunde. Damit wird der Scheinwerfer umgedreht, weg von der Besuchten, hin zu den einzelnen Gruppenmitgliedern. Die Reflexionsfragen lauten: »Was habe ich in diesem Gruppengespräch über mich selbst gelernt?« und »Was nehme ich aus diesem Gespräch mit?«

Durch diesen letzten Schritt wird der Aspekt des Lernens mit und an der eigenen Person noch einmal deutlich. Dahinter steht folgende Überzeugung: Je besser ich meine eigene Biografie verstehe, desto besser kenne und verstehe ich mich selbst und umso hilfreicher kann ich meinem (seelsorglichen) Gegenüber sein.

Wir haben bereits zwei von den Teilnehmerinnen häufig benannte Motive und emotionale Zustände am Beginn der Ausbildung beschrieben: Neugier und Unsicherheit. Mindestens genauso häufig werden noch zwei weitere genannt: Freude und Hoffnung.

- Ich habe den Kurs mit Freude und mit Hoffnung begonnen.
- Ich habe mich sehr auf die Ausbildung gefreut und gehofft, in diesem Kurs zu wachsen und zu reifen.
- Ich war freudig und hoffnungsvoll.
- Ich weiß noch ganz genau, wie sehr ich mich gefreut habe auf den Seelsorgekurs, seit mich die Zusage erreicht hatte.

Freude und Hoffnung, das sind auch die vielzitierten ersten Worte der Pastoralkonstitution über die Kirche in der Welt von heute, die vom Zweiten Vatikanischen Konzil formuliert wurde. »Freude und Hoffnung, Trauer und Angst der Menschen von heute, besonders der Armen und Bedrängten aller Art, sind auch Freude und Hoffnung, Trauer und Angst der Jünger Christi. Und es gibt nichts wahrhaft Menschliches, das nicht in ihren Herzen seinen Widerhall fände.«[9]

Besser könnten die Worte von »Gaudium et spes« nicht auf die Reflexionen und Reaktionen der Teilnehmerinnen nach diesem ersten, langen und intensiven Kurstag passen. Unsere Neueinsteigerinnen sind höchst erstaunt, verwundert und freudig, wie schnell sie völlig frem-

9 Gaudium et spes. Pastoralkonstitution über die Kirche in der Welt von heute, Nr. 1.

den Menschen nahegekommen sind oder wie sie schon bekannte Menschen noch einmal ganz neu kennengelernt haben. Und ganz nebenbei ist auch die Teamuhr gewaltig ins Ticken gekommen. Freude und Hoffnung, aber auch Trauer und Angst der einzelnen Teilnehmerinnen finden in den Herzen der Gruppenmitglieder ihren Widerhall.

Durch dieses Interesse an den anderen und durch den empathischen Umgang untereinander entsteht in der Kursgruppe ein – wie Brené Brown es nennt – »heiliger Raum«, in dem Begegnung möglich wird. Irma Biechele hat dazu ein wunderbares Foto einer Skulptur von Auguste Rodin aus dem Rodin Museum Paris. Es zeigt zwei Hände, die sich an den Fingerspitzen ganz zärtlich (fast) berühren.

Abb. 2: Auguste Rodin: La Cathédrale, Rodin-Museum Paris.
Bild von 피어나네 auf Pixabay

Zwischen den beiden Händen und durch den entstandenen Kontakt bildet sich ein geschützter und doch offener Raum. In diesem Raum kann Begegnung, Beziehung, Seelsorge stattfinden. Dieser Raum ist offen für Gott.

Mit dem Gefühl, ein »kleines Wunder« erlebt zu haben, beschließen wir die Biografiearbeit.

Als Vorbereitung auf den zweiten Kurstag mit dem Thema »Kommunikation« bitten wir die Teilnehmerinnen um die Erledigung einer »Hausaufgabe«: Jede von ihnen soll eine Gesprächssequenz mitbringen, die ihr besonders im Gedächtnis geblieben ist. Es darf sich dabei um ein Gespräch handeln, das sie selbst geführt oder nur zufällig gehört haben. Sie dürfen die Sequenz gern notieren oder einfach möglichst akkurat wiedergeben.

Biografiearbeit im Zeitraffer

Erstellung eines Bildes zur eigenen Biografie

- Einzelarbeit: Zeitrahmen: ca. 30 Minuten
- Ausgehändigte Materialien: DIN-A3-Blöcke und Wachsmalkreiden
- Inhaltliche Vorgaben: künstlerisch-kreative Darstellung der Höhen, Tiefen und Wendepunkte im eigenen Leben
- Vorgaben zur angewandten Technik: keine
- Leitfrage: Was soll die Gruppe unbedingt über mich (und mein Leben) wissen und während des Kurses nicht vergessen?

Bildbesprechungen (»Besuche«)

Mit jedem Bild wird nacheinander so verfahren:

- Die »Künstlerin« legt das Bild der Gruppe kommentarlos vor.
- Die Gruppe assoziiert frei zum Bild, die »Künstlerin« hört zu.
- Die »Künstlerin« stellt das Bild kommentierend vor.
- Die Gruppe tritt mit der »Künstlerin« in Austausch mittels Nachfragen, Feedback und Diskussion.
- Alle Teilnehmerinnen reflektieren: Was habe ich bei der Besprechung gelernt? Was nehme ich aus dieser Bildbesprechung mit?
- Die »Künstlerin« hat dabei das letzte Wort.

2. Haltungsziel

Mit der ersten Kurseinheit »Biografiearbeit« sind die Teilnehmerinnen gleich inmitten der Materie angekommen. In einem nächsten Schritt sollen sie jetzt innehalten und ihren Standpunkt sowie ihr Haltungsziel für die Seelsorgeausbildung in den Fokus nehmen. Vor aller Methodik ist es die Haltung, mit der Seelsorgende den Menschen in ihrer besonderen Lebenssituation gegenübertreten, die wesentlich ist für alles, was folgt. Dazu gehört in erster Linie: Interesse für den Menschen und Neugier auf das, was es wohl zu entdecken gibt.

In anderem Zusammenhang beschreibt Sören Kierkegaard, worum es dabei geht: »Dass man, wenn es einem in Wahrheit gelingen soll, einen Menschen an einen bestimmten Ort zu führen, vor allen Dingen darauf achten muss, ihn dort zu finden, wo er ist, und allda zu beginnen hat. Dies ist das Geheimnis in aller Helfekunst.«[10]

Auch die Auseinandersetzung mit der eigenen Haltung und die Arbeit an ihr ist ein Akt der Selbsterforschung und gelingt am besten, wenn die Gruppenmitglieder zunächst intuitiv in Kontakt mit ihren eigenen Emotionen und Motiven treten. Damit diese Haltung gelingen kann, nutzen wir eine Methode, die vom Zürcher Ressourcenmodell inspiriert ist.

Zürcher Ressourcen Modell (ZRM)

Das Zürcher Ressourcen Modell ist ein allgemeinpsychologisches Konzept, das in den 1990er-Jahren von Maja Storch und Frank Krause entwickelt wurde. Es eignet sich für die Klinische Psychologie ebenso wie für die Pädagogik, die Beratungsarbeit und die Psychotherapie oder – wie in unserem Fall – für die Er-

10 Sören Kierkegaard: Die Schriften über sich selbst. Gesammelte Werke, Band 33, Düsseldorf 1951, Seite 38.

wachsenenbildung. Natürlich müssen die Methoden des ZRM an die jeweilige Klientel angepasst werden. Coaches, Therapeutinnen, Lehrerinnen oder (wie in unserem Kurs) Seelsorgerinnen werden ihre jeweils eigenen Schwerpunkte setzen. Sie alle haben aber eine Gemeinsamkeit: Sie arbeiten mit Menschen und für Menschen, wobei einige allgemeinpsychologische Grundprinzipien gelten.[11]

Für die Erarbeitung eines Handlungszieles sind für uns vor allem drei Ideen aus dem ZRM bedeutend: die Bildkartei, der Ideenkorb und das Motto-Ziel.

Die Bildkartei

Für Seelsorgende ist das Erkennen eigener, unbewusster Bedürfnisse eine wichtige Kompetenz. Im ZRM erfolgt die Exploration des eigenen Unbewussten über die Arbeit mit geeigneten Bildern. Es wird davon ausgegangen, dass durch geeignete Bilder auch unbewusste psychische Inhalte aktiviert werden können. Was für den Verstand Worte sind, sind für das Unbewusste die Bilder. Die Bilder sollten so ausgewählt werden, dass sie positive Empfindungen wecken und als Ressourcen aktivierend wirken.[12]

Wenn jede Teilnehmerin ein solches Bild für sich ausgesucht hat, folgt die Auswertung der Bilder durch das Ideenkorbverfahren.

Der Ideenkorb

Das Ideenkorbverfahren funktioniert über die Gruppe und ist deshalb für das Setting der Ausbildung in Seelsorge sehr geeignet. Es geht darum, mit Hilfe der eigenen Assoziationen und der Assoziationen der Gruppe, den Sinngehalt des Bildes aus einer unbewussten, vorsprachlichen Form heraus in eine bewusste, sprachliche Form zu fassen. Die Bildbesitzerin wählt dann aus

---

11 Vgl. Maja Storch, Frank Krause: Selbstmanagement – ressourcenorientiert. Grundlagen und Trainingsmanual für die Arbeit mit dem Zürcher Ressourcen Modell (ZRM), Bern [5]2014, Seite 16 f.

12 Vgl. ebd. Seite 121.

den eigenen und den Assoziationen der Gruppe die für sie passenden Ideen zum Bild aus.[13]

Das Motto-Ziel

In vielen Aus- und Weiterbildungen gilt die Meinung, dass Ziele möglichst konkret formuliert werden sollen. Im ZRM hingegen wird nicht mit konkreten, sondern mit allgemeinen Zielen gearbeitet, die dort Motto-Ziele genannt werden. Sie binden die Teilnehmerinnen nicht an konkrete, spezifische Einzelziele, sondern stellen das gesamte Handeln unter ein bestimmtes Motto.[14]

»Durch Motto-Ziele wird kein genauer, konkreter Plan vorgegeben, es geht vielmehr um die innere Haltung des Handelnden.«[15] Mögliches Beispiel: Ich möchte in bestimmten Situationen in seelsorglichen Gesprächen nach dem Motto »Hilfe zur Selbsthilfe« handeln. Dadurch wird nicht festgelegt, was ich in Gesprächen konkret sagen werde; das Motto gibt dem eigenen Handeln jedoch einen Zielkorridor vor.

Im Kontext der Ausbildung ehrenamtlicher Mitarbeiter*innen in der Seelsorge sprechen wir deshalb weniger von Motto-Zielen, sondern direkt von Haltungszielen, meinen damit aber nahezu das Gleiche.

Motto- oder Haltungsziele sind von drei Kriterien gekennzeichnet:
- Sie beschreiben eine Haltung.
- Sie sind im Präsens formuliert.
- Sie benutzen eine bildhafte Sprache.[16]

Auf die Haltungsebene von Motto-Zielen wurde bereits eingegangen. Sie sind darüber hinaus im Präsens formuliert, weil sie sich nicht auf die Zukunft, sondern auf die Gegenwart beziehen. Haltungsziele sind mit sofortiger Wirkung handlungsleitend.[17]

13 Vgl. ebd. Seite 123.
14 Vgl. ebd. Seite 138 f.
15 Ebd. Seite 139.
16 Vgl. ebd. Seite 141.
17 Vgl. ebd. Seite 146.

Das Unbewusste, in dem die Haltungsziele verankert werden sollen, reagiert am besten auf eine metaphorische Bildsprache. Im ZRM wird die Fähigkeit geübt, zwischen der Sprache des Verstandes (in Worten) und der Sprache des Unbewussten (in Bildern) sozusagen zu dolmetschen.

Die Kompetenz zur »Bildersprache« ist nicht nur für die Teilnehmerinnen zur Umsetzung ihrer Haltungsziele von Bedeutung. Auch in der Seelsorge ist diese Kompetenz von großem Wert. Darin begegnen und trennen sich auch ZRM und Seelsorgeausbildung. Im ZRM sollen die Kursteilnehmerinnen lernen, sich handlungswirksame Ziele setzen zu können. In unserer Ausbildung sollen die Teilnehmerinnen Seelsorge lernen. Dafür vermittelt das Zürcher Ressourcen Modell, über die Arbeit an den Kurszielen, wertvolle Kompetenzen.

Inzwischen haben unsere Teilnehmerinnen schon erfahren, wie wichtig es ist, in Kontakt mit ihren Gefühlen zu sein. Aufgrund der bereichernden Erfahrung aus der Biografiearbeit gehen die meisten Kursmitglieder mit einer aufgeschlossenen, im besten Sinne neugierigen Haltung in diese Übung. Je vertrauensvoller die Grundstimmung im Kreis der Teilnehmenden ist, desto ungehemmter und freier werden die Assoziationen ausfallen. Viele scheinen geradezu experimentierfreudig in ihr eigenes Inneres zu blicken.

Die Kursleitung legt im Inneren des Kreises stimmungsvolle Bilder aus. Naturaufnahmen in unterschiedlichsten Farbschattierungen und Betrachtungswinkeln eignen sich besonders gut, da sie eher unsere Emotionen als unseren Verstand ansprechen. Zu gegenständliche Bilder aus Alltag oder Arbeit provozieren zu schnell Deutungen und Interpretationen des Bildes, die an dieser Stelle nicht gewünscht sind. Es ist hilfreich, wenn eine ganze Fülle verschiedener Eindrücke zur Verfügung steht. Je größer die Bandbreite der Aufnahmen, desto intuitiver wird die Auswahl des »Mottobildes« erfolgen.

Die Kursteilnehmerinnen bekommen ein paar Minuten Zeit, um die Bilder auf sich wirken zu lassen. Sie erhalten Gelegenheit, herumzugehen und die Bilder aus verschiedenen Perspektiven zu betrachten. Dann wählt jede ein Bild aus, das sie besonders ansprechend findet.

Um den inneren Fokus entsprechend zu gewichten, kann man den Kurskreis vor der Auswahlrunde gedanklich an das Thema heranführen, sodass jeder für sich überlegen kann, wohin der Kurs ihn oder sie führen soll. Wenn alle sich mit den Fragen »Wohin soll dieser Kurs mich führen?« und »Welche Art Seelsorgerin möchte ich gern werden?« beschäftigen, dann öffnet das den Zugang zu den unbewussten Gedanken, die jeder zum Thema hat. Die Auswahl des Bildes wird dann automatisch etwas mit den zugrundeliegenden Gedanken zu tun haben.

Den Teilnehmerinnen wird ein Blatt mit einem »Ideenkorb« ausgeteilt. In sieben bis zehn Minuten notieren sie dort hinein alle Worte, die ihnen beim freien Assoziieren zu ihrem jeweiligen Bild einfallen. Alle Wortarten und Begriffe sind erlaubt; es gibt dabei keinerlei Zensur. Anschließend sind die Teilnehmerinnen dazu aufgefordert, ihren Ideenkorb noch einmal durchzugehen und drei bis fünf Ideen »herauszuholen«, die die stärksten Emotionen bei ihnen auslösen.

Danach sammeln sich alle zu Kleingruppen aus mindestens drei, höchstens vier Mitgliedern. Eine Person nach der anderen in der Kleingruppe legt ihr Bild den anderen vor und hört anschließend nur noch zu. Die anderen Gruppenmitglieder assoziieren ihre Gedanken und Gefühle zu dem jeweiligen Bild. Eine Person aus der Gruppe achtet zusätzlich auf die Einhaltung der vorgegebenen Zeit (je nach Gruppengröße sieben bis zehn Minuten), eine andere Person notiert die Assoziationen und Einfälle im Ideenkorb der Bildgeberin mit. Auch nach dieser Runde notieren die Teilnehmerinnen ihre drei bis fünf Lieblingsideen aus dem Korb auf ein extra Arbeitsblatt.

Nun haben alle sechs bis zehn Lieblingsideen ausgewählt. Aus diesen einzelnen Worten wird jetzt eine vorläufige Version des Motto- bzw. Haltungsziels für den Kurs formuliert. Dabei darf sehr frei mit den Wortarten umgegangen werden. Es kann also nach Herzenslust dekliniert, konjugiert und substantiviert werden und alles andere, was die deutsche Sprache noch so hergibt, auch.

Hier ein paar der in den letzten Jahren formulierten Haltungsziele:

- Durch das Geschenk des Lichts selber zum Licht für den anderen werden. In schwierigen Situationen das Vertrauen zu haben, von Flügeln getragen zu werden, um den Weg durch das Licht beleuchten zu lassen und den neuen Morgen als Chance zur Veränderung anzunehmen.
- Auf alle Menschen, die mir begegnen, offen zuzugehen und aus meiner Mitte heraus die Kraft zu finden, um Freud und Leid, Schatten und Licht zu teilen, gute Gespräche zu führen, die auch in die Tiefe gehen, und Trost und Hoffnung zu geben.
- Ein Umfeld schaffen, in dem man gerne verweilt, an gemeinsamen Zielen arbeiten, Erfahrungen weitergeben und empfangen und von außen auf das Ganze schauen, den Überblick nicht verlieren.
- Ich möchte lernen, in Gesprächen Weite zuzulassen, mich gleichzeitig selbst zu versorgen, einen sicheren Hafen und Grenzen schaffen, die mir zeigen, wie viel ich selbst erzähle, was mir innere Ruhe geben und die Angst nehmen wird und dabei meinen Rettungsanker im Blick behalten, der mich danach sicher in den wohlverdienten, warmen Urlaub bringt.
- Ich will in der Weite und Offenheit des Gesprächs den Dingen auf den Grund gehen. Ich will die natürlichen Grenzen akzeptieren. Ich will ruhig sein, länger hinschauen und die Themen ordnen.

Und noch ein paar Ausschnitte aus Haltungszielen:

- Ich bin da, in Ruhe sein, den Weg mit Bedacht gehen, ein Baum zum Anlehnen sein.

- Ich will Brücke/ Stütze sein und Brücken und Stützen wahrnehmen.
- Aufeinander einlassend, dem inneren Ruf folgen.

Wenn ich mir die Haltungsziele der Teilnehmerinnen so anhöre, habe ich oft den Eindruck, als handle es sich bei ihnen nicht so sehr um die Formulierung von Zielen, sondern vielmehr um die Beschreibung von Ist-Zuständen. Oder zumindest eine Mischung aus beiden.

Das macht für mich die Einheit aber keineswegs weniger wertvoll. Vielleicht bekommt sie dadurch auch ihre eigentliche Bedeutung für den Kurs. Die Teilnehmerinnen werden sich ihrer Haltungen bewusst und lernen, sie ins Wort zu bringen.

Über unsere Emotionen, Motivationen, Bedürfnisse und all das, was uns im Innersten bewegt, zu sprechen, ist nicht einfach. Im Alltag kommt diese Art der Kommunikation so gut wie nicht vor. Am ehesten begegnet sie uns in der Musik und in der Literatur. Die angehenden Seelsorgerinnen müssen ein eigenes Sprachspiel für diese inneren Welten entwickeln. Das gelingt, wie man sieht, über die Formulierung der Haltungsziele schon recht gut.

Bevor die Teilnehmerinnen im nächsten Schritt ihr vorläufiges Haltungsziel zusammen mit dem Bild im Plenum präsentieren, folgt eine Theorieeinheit zum Thema Reflexion und Feedback.

Reflexion und Feedback

An dieser Stelle ist es sinnvoll, ein eher »technisches« Thema zu behandeln und die Begriffe »Reflexion« und »Feedback« als Fachtermini einzuführen.

Mit beiden Techniken werden wir bei den Kurstreffen regelmäßig arbeiten. Reflexion ist eine Methode, um sich Gedanken zu einem Thema zu machen und diese bewusst zu entwickeln und zu hinterfragen. Was bewirkt eine bestimmte Situation bei mir? Und warum löst sie genau das aus? Womit könnte das zusammenhängen? Und ein Feedback ist eine ganz spezielle Art der Reflexion, bei der ich einem Gegenüber mitteile, wie diese Person oder etwas, das sie getan oder geäußert hat, auf mich wirkt. Reflexion und Feedback sind starke Werkzeuge bei der inhaltlichen und methodischen Gruppenarbeit.

Folgende Instruktionen müssen bei der Reflexion beachtet werden:

- Eine Reflexion ist keine Diskussion!
- Sprechen Sie selbst und verlassen Sie sich nicht darauf, dass andere für Sie sprechen.
- Bringen Sie Gefühle positiver und negativer Art zum Ausdruck.
- Sprechen Sie in der Ich-Form (Ich-Botschaften).
- Sprechen Sie über Ihre Beobachtungen, Eindrücke und Empfindungen.
- Sagen Sie möglichst genau, wann Sie was bei wem beobachtet haben.
- Wenn Konflikte auftauchen, ist nach der Reflexion Gelegenheit, diese im Gespräch zu klären.
- Wenn Sie einer anderen Person etwas direkt und konkret mitteilen möchten, tun Sie dies in einem persönlichen Feedback nach dem Gruppengespräch.

Jede unserer Gesprächsrunden, in denen wir Themen und Erfahrungen besprechen, ist eine Reflexionsrunde! Reflexion gehört zum grundlegenden Handwerkszeug in dieser Ausbildung und auch später in der Seelsorge.

Folgende Instruktionen gelten für die richtige Art, ein Feedback zu geben:

- Beschreiben, nicht bewerten: Schildern Sie Ihre subjektiven Empfindungen. So fällt es den anderen leichter, Kritik anzunehmen. Wichtig: Kritik ist sowohl negativ als auch positiv.
- Möglichst konkret werden: Verallgemeinerungen und pauschale Aussagen verunsichern mehr, als dass sie weiterhelfen. Beschreiben Sie konkrete Situationen, auf die Sie sich beziehen.

- Angemessen bleiben: Feedback kann zerstörend wirken, wenn Sie die Bedürfnisse Ihres Gegenübers nicht berücksichtigen.
- Zur richtigen Zeit anbringen: Normalerweise ist Feedback umso wirksamer, je kürzer die Zeit zwischen dem betreffenden Verhalten und dem Feedback ist.
- Die verschiedenen »Außenperspektiven« der anderen Gruppenmitglieder bedeuten einen zusätzlichen Reichtum an Blickwinkeln und Argumenten, auf die diejenige zurückgreifen kann, der das Feedback gilt. Je konkreter die Aussagen sind, desto mehr kann man damit anfangen.
  Je konstruktiver und weniger offensiv das Feedback angebracht wird, desto besser wird es angenommen.

Folgende Instruktionen gelten für die richtige Art, ein Feedback anzunehmen:
- Fragen Sie klärend nach; Sie müssen sich nicht rechtfertigen.
- Klären Sie Verständnisfragen, aber fangen Sie nicht an, zu diskutieren.
- Fragen Sie nach einem Feedback.
- Auch aus einem schlechten Feedback können Sie etwas lernen.
- Warten Sie mit einer Antwort bis zum passenden Zeitpunkt.

Feedbacks zu erhalten, ist bereichernd. Verzichtet man auf ein Feedback oder nimmt es nicht zur Kenntnis, dann bringt man sich um eine zusätzliche Perspektive. Das bedeutet nicht, dass der Feedback-Geber immer Recht hat. Aber zusätzliche Perspektiven sind es immer wert, beachtet zu werden.

Mit Hilfe folgender Formulierungen kann man ein Feedback kurz und auf den Punkt formulieren:
- Ich habe wahrgenommen …
- Das löst bei mir aus …
- Ich wünsche mir …

Nach der Theorie kommt die Praxis – und die Gruppe gibt sich in einer Feedbackrunde Rückmeldungen zu den vorgestellten Haltungszielen.

Der zusätzliche Input der anderen Betrachterinnen in den Kleingruppen weitet noch einmal die Perspektive, denn deren Blickwinkel fördern oft Aspekte zutage, die zur Bildauswahl beigetragen haben, der auswählenden Person aber nicht bewusst sind.

Zum Abschluss der Einheit bekommen die Teilnehmerinnen Zeit, ihr verbindliches Haltungsziel zu formulieren. Dieses Haltungsziel wird, zusammen mit dem Bild, auf ein (farbiges) Blatt Papier oder Pappe aufgeklebt und notiert.

Dieses Ziel-Blatt begleitet die Teilnehmerinnen durch den restlichen Kurs. Im Abschlussbericht fragen wir die Kursteilnehmerinnen nach der Bedeutung, die ihr Haltungsziel den Kurs hindurch für sie gehabt hat.

- Das Lernziel hatte eine sehr wichtige Bedeutung für mich. Ich versuche mich immer vor meinen Besuchen an das Ziel zu erinnern und dieses, soweit möglich, umzusetzen.
- Mein Haltungsziel hat mich einerseits bestärkt, dass ich geeignet bin für meine Aufgaben, und hat mir andererseits deutlich vor Augen geführt, dass ich auch auf mich und mein Wohlbefinden achten muss. Ganz nach meinem Motto: »Genieße selbst, damit du für andere genießbar bist.«
- Ich habe mir als Ziel gesetzt, bewusster zu beobachten, sensibler Gefühle wahrzunehmen und genauer hinzuhören, um den Menschen Zuversicht, Hoffnung und Lebenskraft geben zu können. Durch den Kurs (Ausbildung und Teilnehmer) bin ich einen großen Schritt weitergekommen.
- Wenn man das Haltungsziel so ausufernd »schwafelmäßig« formuliert wie ich, dann trifft immer was davon auch zu. Nein – Scherz beiseite. Ein großer Teil meines formulierten Zieles ist es, aus Kraft und Lebensfreude zu schöpfen, um auch beim Gegen-

über Kraft und Lebensfreude zu wecken; außerdem mich am richtigen Platz zu fühlen ohne Furcht vor dem, was mich erwartet. Das hat bis jetzt ganz gut geklappt.

- Mein Haltungsziel war: »Ich bin da, in Ruhe sein, den Weg mit Bedacht gehen, ein Baum zum Anlehnen sein«. In der Rolle als Seelsorgerin fällt mir das leichter. Da geht es gut.
- Ich bin meinem Ziel einen großen Schritt näher gekommen. Am meisten hat mich mein »Aufbruch« beschäftigt.
- Mein Motto, das ich zu Beginn dieses Kurses gewählt hatte, war »aufeinander einlassend, dem inneren Ruf folgen«. Im Lauf des Kurses hat sich dieses Motto konkretisiert und an Struktur gewonnen. Trotz alledem ist noch viel Luft nach oben.
- Mein Ziel war mir immer bewusst und ich habe es in diesem Kurs geschafft, diesem näherzukommen. Erreicht habe ich das gesetzte Ziel zum jetzigen Zeitpunkt nicht.
- Gerade in den ersten Praktikumstagen habe ich mir mein Ziel immer wieder verinnerlicht, um mir klarzumachen, in welche Richtung ich gehen möchte. Das Lernziel ist mir nach wie vor sehr wichtig. Es hat mir Kraft und Selbstvertrauen gegeben. Ich denke, dass mir der Kurs das nötige Rüstzeug dazu vermittelt hat.

Natürlich können Ziele, die am Anfang der Ausbildung überlegt und gesteckt werden, im Verlauf des Kurses auch ihre Bedeutung verlieren und dürfen jederzeit überdacht und neu formuliert werden.

- Die Lernziele, die ich als Motto notiert habe, weichen inzwischen stark von den Zielen ab, die ich jetzt, am Ende des Kurses, formulieren würde.
- Erstaunlicherweise hatte das Lernziel für mich kaum eine Bedeutung. Wenn, dann kam mir gelegentlich das Wort »Seelengärtner« in den Sinn, und das kam ja ursprünglich von jemand anderem. Mit dem Beginn des Praktikums verlor das anfangs formulierte Lernziel gänzlich seine Bedeutung. Da kam dann mein Mantra ins Spiel: »Lieber Gott, geh mit mir, führe und leite mich. Ich interessiere mich für dich, ich habe Zeit, wer fragt, führt, und ich bin ein Geschenk«.

Wenn wir uns Ziele setzen, selbst wenn es sich um Motto- und Haltungsziele handelt, ist auch immer schon die Option mitinbegriffen, dass Ziele auch nicht erreicht werden. Auch das kommt vor und ist für die Reflexion des eigenen Handelns und für die Frage, ob Mann oder Frau nach der Ausbildung in der Seelsorge tätig sein will, unablässig. Vor allem dann, wenn Ziele nicht erreicht wurden und die Entscheidung gegen die Seelsorge getroffen wird.

- Meine Lernziele sind tatsächlich zu meinen Grenzen geworden, die zu überwinden mir in diesem Rahmen nicht gelungen ist.

Inwieweit die Teilnehmerinnen durch die Arbeit an ihren Zielen wirklich neue Haltungen entwickeln, ist schwer zu sagen. Mich fasziniert aber immer wieder die Ernsthaftigkeit und das hohe Engagement, mit dem die Ehrenamtlichen bereit sind, an sich und ihren Zielen zu arbeiten.

Durch die Arbeit an den Haltungszielen wird den Teilnehmerinnen deutlich, dass die Ausbildung ehrenamtlicher Mitarbeiter*innen in Seelsorge kein Methodenseminar ist, sondern ein Angebot zur Persönlichkeitsentwicklung.

Seelsorge ist kein System aus Methoden, Gesprächstechniken und pastoral-psychologischen Lehrsätzen (auch wenn all das wichtig ist). Seelsorge ist vor allem eine Haltung, mit der sich Menschen begegnen. Deshalb stehen die Reflexion (der eigenen Haltung gegenüber anderen und sich selbst) und die daraus folgende Entwicklung einer seelsorglichen Haltung im Zentrum der Ausbildung.

Das Haltungsziel im Zeitraffer

Erstellung eines Haltungszieles

- Intuitives Aussuchen eines Bildes
- Eigene Assoziationen zum Bild
- Assoziationen von anderen zum Bild
- Auswahl von fünf Lieblingsbegriffen
- Formulierung eines Haltungszieles
- Vorstellung des Haltungszieles mit zwei Feedbacks

Reflexion und Feedback

- Einführung der Fachtermini und dazugehörender Gesprächstechnik
- Anwendung innerhalb der Kurseinheit

3. Kommunikation

In einem seelsorglichen Gespräch findet nonstop Kommunikation statt. Genauer gesagt handelt es sich um persönliche Kommunikation zwischen zwei Personen – einer seelsorgenden und einer besuchten Person, die Seelsorge in Anspruch nimmt. Beide nehmen einander wahr, schenken einander Aufmerksamkeit und treten in Interaktion. Diese Vorgänge fasst man unter dem Begriff »Kommunikation« zusammen.

Zwei Gesprächspartner können gar nicht anders, als permanent Informationen auszutauschen. Dabei sind die wenigsten Informationen sprachlich-inhaltlicher Natur. Aber dazu später mehr. Es ist wichtig, zu verstehen, dass ein stetiger Kommunikationsstrom zwischen den Menschen fließt. Oder wie Paul Watzlawick es einst so schön formulierte: »Man kann nicht nicht kommunizieren, denn jede Kommunikation (nicht nur mit Worten) ist Verhalten und genauso wie man sich nicht nicht verhalten kann, kann man nicht nicht kommunizieren.«[18]

Theologisch ließe sich zum Thema Kommunikation unendlich viel sagen, Bücher schreiben, ja Bibliotheken füllen. Ich versuch's trotzdem kurz zu machen. Kommunikation besteht für mich aus theologischer Sicht aus folgender Mechanik: Wort – Antwort – Verantwortung. Dieses schlaue Wortspiel habe ich mir allerdings nicht allein einfallen lassen. Es entstand in meiner Pastoralkursgruppe und war das Motto unserer Aussendungsfeier zum/zur Pastoralreferent*in.

Alles beginnt mit dem Wort, dem Logos: »Im Anfang war das Wort und das Wort war bei Gott und das Wort war Gott. Dieses war im Anfang bei Gott. Alles ist durch das Wort geworden und ohne es wurde nichts, was geworden ist« (Joh 1,1–3).

18 Paul Watzlawick: Axiome der Kommunikation, auf: www.paulwatzlawick.de/axiome.html, 28.08.23.

Gott spricht und dadurch wird alles ins Sein gerufen. Das Universum, die Erde, Pflanzen und Tiere sind durch Gottes Wort geworden. Wir Menschen, du und ich, sind sogar in einem echten Dialog entstanden: »Dann sprach Gott: Lasst uns Menschen machen« (Gen 1,26).

Kommunikation ist für uns also im wahrsten Sinne des Wortes existenziell. Und weil sie sozusagen in unseren Genen liegt, war es wohl nur eine Frage der Zeit, bis der Mensch Gott auf sein Wort eine Antwort gab. Aus diesem Blickwinkel heraus kann man das ganze Alte Testament als ein Gesprächsprotokoll (Verbatim) dieser Unterhaltung zwischen Gott und dem Menschen lesen. Gott sprach – und Adam und Eva, Abraham und Sarah, Isaak und Rebekka, Jakob und Rachel, Mose und Mirjam, David und Batseba, alle Propheten und Prophetinnen und viele, viele mehr antworteten. Und natürlich ist diese Geschichte, wie fast immer, wenn's um Kommunikation geht, auch eine Geschichte voller Missverständnisse. Nur zu oft hat Gott nicht das sagen wollen, was der Mensch gern gehört hätte. Auch die Antworten der Menschen, in Wort und Tat, fielen oft nicht so aus, wie Gott das vielleicht von ihnen erwartet hätte. Die Geschichte Gottes mit den Menschen ist eine Geschichte von Wort und Antwort, aber auch von tauben Ohren, Missverständnissen, Lügen und Ausflüchten, Streit und Eifersucht und von grenzenlosem Schweigen auf beiden Seiten.

Vielleicht wurde das Gott eines Tages zu viel oder zu kompliziert, vielleicht verlernten die Menschen auch immer mehr, Gottes Stimme zu hören und zu verstehen. Jedenfalls betrat mit Jesus eines Tages schließlich das lebendige Wort Gottes selbst die Bühne: »das Wort ist Fleisch geworden« (Joh 1,14).

Für uns Christinnen und Christen sind die Begriffe Glaube und Dialog seither eigentlich synonym zu verwenden. Der Kern unseres Glaubens ist die Kommunikation, der Dialog, das Spiel aus Wort und Antwort zwischen Gott/ Jesus und Mensch. Und dieses Gespräch bleibt nicht ohne Folgen. Gottes Wort ist wirkmächtig. In ihm fallen

Sprechakt und Wirklichkeit zusammen. Oder ganz einfach gesagt: Was Gott sagt und was Gott tut, ist eins.

Auch Jesu Wort ist in diesem Sinne performativ, also durch Sprache vollzogene Handlung. »Da sagte Jesus zu ihm: Steh auf, nimm deine Liege und geh! Sofort wurde der Mann gesund, nahm seine Liege und ging« (Joh 5,8–9). Was Jesus sagt, geschieht.

Und wie ist das bei uns? Auch wir können wirkmächtig, performativ sprechen, nicht nur im religiösen Kontext. Oder wer würde behaupten wollen, dass der Satz »Ich liebe dich« keine Auswirkungen hat? Aber nicht nur emotional, auch formal können Worte wirkmächtig sein. Durch den Satz »Hiermit erkläre ich euch zu Mann und Frau« wird aus einem Paar ein Ehepaar, mit allen persönlichen, gesellschaftlichen und rechtlichen Konsequenzen für das Leben.

Wir sind also in der Lage, durch unsere Kommunikation, durch das, was wir sagen oder eben nicht sagen, die Wirklichkeit zu beeinflussen, Gefühle auszulösen, Beziehungen zu gestalten, zu heilen, aber natürlich auch zu verletzten und zu zerstören.

Unser Sprechen hat also Konsequenzen, und deshalb tragen wir auch die Verantwortung dafür, was wir sagen; aber auch dafür, **wie** wir etwas sagen.

Diese Verantwortung für unsere Kommunikation gilt für den Dialog mit Gott (Glauben), für meinen inneren Dialog mit mir selbst und für den Dialog mit anderen. Und sie gilt ganz besonders dafür, was und wie wir als Seelsorgende kommunizieren.

Um diese Verantwortung für mein (seelsorgliches) Sprechen und damit auch Handeln übernehmen zu können, braucht es ein solides Grundverständnis von Kommunikation und ihren Regeln.

Um dieses Grundverständnis, was in Kommunikation geschieht, entwickeln zu können, brechen wir das Geschehen auf die kleinste

Einheit herunter und betrachten Kommunikation unter dem Mikroskop.

Es handelt sich sozusagen um ein vorgestelltes Spezialmikroskop in dem Bereich unseres Gehirns, mit dem wir soziale Zusammenhänge analysieren. Um diese Betrachtung unter dem »inneren Mikroskop« zu erleichtern, illustriert die Kursleitung das besprochene Schema auf nachvollziehbare Weise. Bewährt hat sich z. B., dass die referierende Person das Schema auf einem Flipchart aufzeichnet und weiterentwickelt, während die Erklärung fortschreitet. Wir haben aber auch schon Kärtchen mit den beschriebenen Begriffen beschriftet und den Kursteilnehmerinnen in die Hand gedrückt, sodass der Kurs als Ganzes dann das Schaubild dreidimensional darstellen konnte.

Die kleinste Kommunikationseinheit stellt sich uns wie folgt dar:

Abb. 3: Sender und Empfänger

So weit, so einfach. Eine Botschaft wird vom »Sender« an den »Empfänger« übermittelt. Während eines Gesprächs ist jeder Teilnehmende sowohl Sender als auch Empfänger von Botschaften. Manche Kommunikationseinheiten geschehen abwechselnd, d. h. nacheinander. Aber es gibt auch Überschneidungen. Das macht ein Live-Gespräch so spannend, aber eben auch komplex.

Auf die Frage, welche Stärke sie in den Seelsorgekurs mitbringen, benennt die überwiegende Mehrheit der Kursteilnehmerinnen Folgendes:

- Ich denke meine Stärken liegen im Zuhören.
- Ich denke, ich kann sehr gut zuhören.
- Meine Stärken liegen, glaube ich, im Zuhören.
- Ich kann geduldig zuhören.
- Meine Begabung liegt sicherlich im Zuhörenkönnen.
- Ohne Scheu auf den anderen zuzugehen und ihm zuzuhören ist etwas, das ich gut kann.

Die Stärken der meisten Teilnehmerinnen scheinen sich also auf der Seite des Empfängers zu befinden. Der Kurs wird als Chance betrachtet, das »Senden« – also die Kommunikation in Richtung des Besuchten – und somit die Fähigkeiten zum Dialog noch zu verbessern.

Am Ende des Kurses klingen die Antworten auf die Frage nach den persönlichen Stärken, wenn es um die Kommunikation geht, dann schon um einiges differenzierter. Neben dem Zuhören-/ Empfangen-Können gewinnt das eigene Sprechen-/ Senden-Können an Gewicht:

- Ich kann gut zuhören und den anderen zum Reden bewegen.
- Meine Begabungen liegen in der Kommunikation und der Gesprächsführung.
- Es macht mir Freude, miteinander zu kommunizieren.

Neben Sender und Empfänger besteht Kommunikation natürlich auch aus der ausgetauschten Botschaft. Diese Botschaft hat, in Anlehnung an Watzlawicks Axiome der Kommunikation, zwei Komponenten:

1. Da gibt es zunächst die inhaltliche Ebene. Der Inhalt einer Botschaft wird überwiegend sprachlich ausgedrückt. Der

Sender verpackt in Worte, was er dem Empfänger mitteilen möchte.

2. Darüber hinaus existiert aber auch eine persönliche Ebene oder Beziehungsebene. Diese Ebene der Botschaft wird meist nonverbal vermittelt. Eine nonverbale Übermittlung kann über die Körpersprache erfolgen oder über die Art, wie etwas gesagt wird.

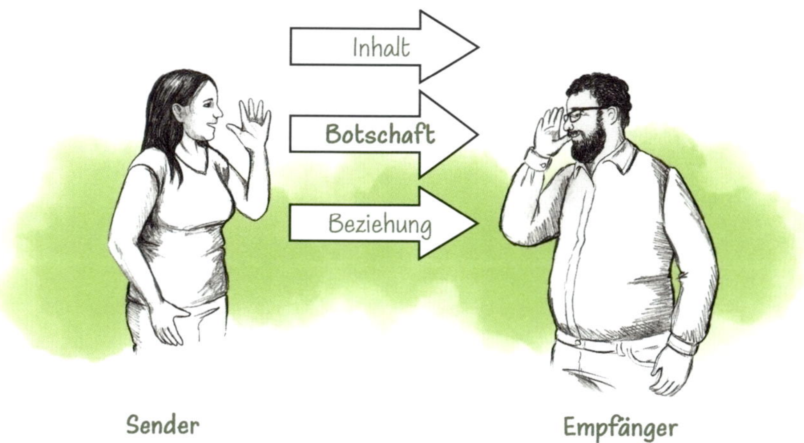

Abb. 4: Botschaft

An dieser Stelle lassen wir die Kursteilnehmerinnen gern raten, wie viel Prozent der Botschaft sprachlich ausgedrückt wird und wie viel Prozent nonverbal (aufgeschlüsselt in Körpersprache und Art des Ausdrucks). Die Vorstellungen liegen oft weit auseinander und meist auch weit abseits der tatsächlichen Verteilung.

Es gibt viele verschiedene Studien dazu, mit welcher prozentualen Gewichtung die Botschaft über Sprache, Körpersprache und Ausdruck (*wie* etwas gesagt wird) vermittelt wird. Die unterschiedlichen Studien kommen dabei aber auf annähernd identische Werte. Diese Werte sind für unsere Kursmitglieder immer wieder verblüffend. Nur etwa sieben Prozent der Botschaft beziehen sich wirklich auf den sprachlichen Inhalt und werden durch Worte ausgedrückt. Die restlichen 93 Prozent der Botschaft werden nonverbal übermittelt. Davon entfallen ca. 38 Prozent auf die Art, wie etwas gesagt wird. 55 Prozent werden über die Körpersprache ausgedrückt. Damit verläuft ein Großteil der Mitteilung auf der persönlichen Ebene.

Abb. 5: Körpersprache

Ein eindrückliches Beispiel für die Bedeutung nonverbaler Kommunikation ist die Art, in der wir über digitale Medien kommunizieren. Seit den ersten E-Mails und SMS-Nachrichten haben sich aus einzelnen Zeichen bestehende sogenannte Emoticons entwickelt, mit denen in schriftlicher Kommunikation Stimmungs- oder Gefühlszustände ausgedrückt werden. Zu diesen Zeichenkombinationen gehören z. B. lachende und traurige Gesichter aus Klammern, Doppelpunkten und Bindestrichen: :-), :-(, die berühmte Tüte-3-Kombination als Herzersatz: <3, aber auch die Großschreibung einzelner Wörter oder Sätze, um zu SCHREIEN.

Mit der Generation der Smartphones kamen dann die Emojis, kleine, bunte Piktogramme oder Icons, ebenfalls mit der Aufgabe, die schriftliche Kommunikation zu unterstützen und lebendig zu machen:

Abb. 6: Emojis

Neben der verbalen und nonverbalen Kommunikation gibt es bei jeder Botschaft verschiedene Aspekte, unter denen sie vom Sender »losgeschickt« und vom Empfänger »aufgenommen« wird. Der Psychologe und Kommunikationswissenschaftler Friedemann Schulz von Thun hat diese Aspekte einleuchtend in einem inzwischen sehr berühmten Modell dargestellt. Auf der Homepage seines Kommunikationsinstitutes stellt er dieses Modell der Allgemeinheit auf diese Weise vor:

Kommunikationsquadrat

Das Kommunikationsquadrat ist das bekannteste Modell von Friedemann Schulz von Thun und inzwischen auch über die Grenzen Deutschlands hinaus verbreitet. Bekannt geworden ist dieses Modell auch als »Vier-Ohren-Modell« oder »Nachrichtenquadrat«.

Wenn ich als Mensch etwas von mir gebe, bin ich auf vierfache Weise wirksam. Jede meiner Äußerungen enthält, ob ich will oder nicht, vier Botschaften gleichzeitig:

- eine Sachinformation (worüber ich informiere) – blau,
- eine Selbstkundgabe (was ich von mir zu erkennen gebe) – grün,
- einen Beziehungshinweis (was ich von dir halte und wie ich zu dir stehe) – gelb,
- einen Appell (was ich bei dir erreichen möchte) – rot.

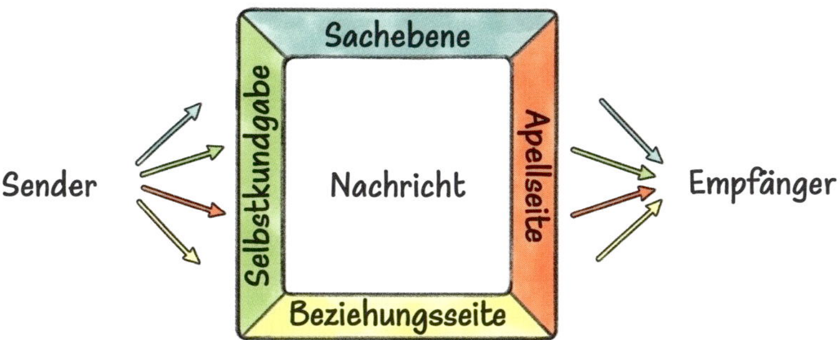

Abb.7: Die Botschaften einer Nachricht nach Friedemann Schulz von Thun.[19]

19 Grafik nach: www.schulz-von-thun.de/die-modelle/das-kommunikationsquadrat

Ausgehend von dieser Erkenntnis hat Schulz von Thun 1981 die vier Seiten einer Äußerung als Quadrat dargestellt. Die Äußerung entstammt dabei den »vier Schnäbeln« des Senders und trifft auf die »vier Ohren« des Empfängers. Sowohl Sender als auch Empfänger sind für die Qualität der Kommunikation verantwortlich, wobei die unmissverständliche Kommunikation der Idealfall ist und nicht die Regel.

Die vier Ebenen der Kommunikation

Auf der Sachebene des Gesprächs steht die Sachinformation im Vordergrund; hier geht es um Daten, Fakten und Sachverhalte.

Dabei gelten drei Kriterien:

- wahr oder unwahr (zutreffend/ nichtzutreffend)
- relevant oder irrelevant (Sind die aufgeführten Sachverhalte für das anstehende Thema von Belang/ nicht von Belang?)
- hinlänglich oder unzureichend (Sind die angeführten Sachhinweise für das Thema ausreichend oder muss vieles andere zusätzlich bedacht werden?)

Die Herausforderung für den Sender besteht auf der Sachebene darin, die Sachverhalte klar und verständlich auszudrücken. Der Empfänger kann auf dem Sach-Ohr entsprechend den drei Kriterien reagieren.

Für die Selbstkundgabe gilt: Wenn jemand etwas von sich gibt, gibt er auch etwas von sich. Jede Äußerung enthält gewollt oder unfreiwillig eine Kostprobe der Persönlichkeit – der Gefühle, Werte, Eigenarten und Bedürfnisse. Dies kann explizit (»Ich-Botschaft«) oder implizit geschehen.

Während der Sender mit dem Selbstkundgabe-Schnabel implizit oder explizit, bewusst oder unbewusst, Informationen über sich preisgibt, nimmt der Empfänger diese mit dem Selbstkundgabe-Ohr auf: Was ist das für einer? Wie ist er gestimmt? Was ist mit ihm? usw.

Auf der Beziehungsseite gebe ich zu erkennen, wie ich zum anderen stehe und was ich von ihm halte. Diese Beziehungshinweise werden durch Formulierung, Tonfall, Mimik und Gestik vermittelt.

Der Sender transportiert diese Hinweise implizit oder explizit. Der Empfänger fühlt sich durch die auf dem Beziehungs-Ohr eingehenden Informationen wertgeschätzt oder abgelehnt, missachtet oder geachtet, respektiert oder gedemütigt.

Die Einflussnahme auf den Empfänger geschieht auf der Appellseite. Wenn jemand das Wort ergreift, möchte er in aller Regel etwas erreichen. Er äußert Wünsche, Appelle, Ratschläge oder Handlungsanweisungen.

Die Appelle werden offen oder verdeckt gesandt. Mit dem Appell-Ohr fragt sich der Empfänger: Was soll ich jetzt (nicht) machen, denken oder fühlen?[20]

Es ist bei der Fülle der theoretischen Erläuterungen für den Kurs von Vorteil, wenn die Kursleitung so viele praktische Beispiele wie möglich einfügt. Das macht die doch etwas sperrige Materie anschaulicher. Ein Beispiel wäre z. B. folgendes: Eine Mutter steht in der Tür zum Zimmer ihres Teenagers und sagt: »Wow, da ist ja ein Durcheinander!« Die Frage ist nun: Was sagt sie damit wirklich aus, d. h. mit welcher Absicht wurde der Ausruf gemacht? Sie könnte damit nur den Zustand des Zimmers beschreiben. Sie könnte als Selbstoffenbarung durch diesen Ausruf kundtun, dass sie sich beim Anblick des Zimmers überfordert fühlt, weil es eine aussichtslose Aufgabe ist, immer alles in Ordnung halten zu müssen. Sie könnte auch über die Beziehung zu ihrem Teenager grübeln: Glaubt der eigentlich, er ist nicht zuständig? Verlässt er sich darauf, dass seine Mutter auch seine Putzfrau ist? Oder vielleicht steckt in ihrem Ausruf ein Appell: »Jetzt komm in die Pötte und räum den Saustall auf!«

Dann ist es auf der anderen Seite auch interessant, mit welchem Ohr der Teenager diese Aussage hört: Nimmt er einfach den Umstand

20 Vgl. Friedemann Schulz von Thun: Das Kommunikationsquadrat. Auf: www.schulz-von-thun.de/die-modelle/das-kommunikationsquadrat, 28.08.23.

zur Kenntnis, dass seiner Mutter das Durcheinander auffällt? Oder hört er ihre Überforderung? Oder denkt er, sie ist von ihm enttäuscht? Oder hört er den Appell, dass er aufräumen soll?

Interessant ist in diesem Zusammenhang, dass manche Menschen eine Aussage mit einem bestimmten »Schnabel« sprechen, die Botschaft vom Empfänger aber mit einem ganz anderen Ohr gehört wird. Viele Menschen haben auch eine Präferenz für einen bestimmten Schnabel oder ein bestimmtes Ohr. Es gibt z. B. Personen, die in allem eine persönliche Kritik oder einen Appell hören.

Um es noch einmal klar zu sagen: In jeder Botschaft sind immer alle vier Seiten vorhanden, jedoch in unterschiedlicher Gewichtung. Wenn ich eine Botschaft mit der Absicht sende, eine bestimmte Seite zu betonen, schwingen die unbetonten Seiten mit und unter Umständen nimmt der Empfänger gerade eine unbetont mitschwingende Seite als bestimmend wahr. So kann man wunderbar aneinander vorbeireden, obwohl man denkt, man rede von derselben Sache.

Eine weitere Perspektive auf das komplexe Geschehen der persönlichen Kommunikation ist der Blick auf mögliche emotionale Gefälle zwischen den Gesprächspartnern. Dazu nutzen wir eine Theorie aus der sogenannten Transaktionsanalyse des amerikanischen Psychiaters Eric Berne, die er erstmals 1964 in seinem Buch »Spiele der Erwachsenen« beschrieben hat.

Transaktionsanalyse: Das Ich-Zustands-Modell

Das Modell beruht auf drei verschiedenen, sogenannten »Ich-Zuständen«, in denen sich die Gesprächspartner während eines Kommunikationsgeschehens befinden können:

Eric Berne beschreibt, dass wir in der Kommunikation mit anderen zwischen verschiedenen Zuständen wechseln. Erkennbar ist das z. B. an Wortwahl, Tonfall und auch am Inhalt dessen, was wir sagen sowie an unserer Mimik, Gestik und Körpersprache.

Ihm zufolge sind die drei Ich-Zustände:

- Das Eltern-Ich – Nach Eric Berne »trägt jeder in seinem Inneren seine Eltern mit sich herum«. In der Kommunikation äußert sich das dann z. B. darin, dass wir unseren Gesprächspartner bevormunden, ihm sagen, was er tun soll, sein Verhalten missbilligen oder uns fürsorglich und bemutternd geben.
- Das Erwachsenen-Ich – Unser Erwachsenen-Ich ist reif und kann Situationen weitestgehend sachlich und objektiv beurteilen. Eine Kommunikation zwischen zwei Personen, die aus ihrem Erwachsenen-Ich heraus handeln, ist immer eine »Kommunikation auf Augenhöhe«, bei der die Teilnehmer sich gegenseitig als gleichwertig betrachten und einander respektvoll sowie sachlich-konstruktiv begegnen.
- Das Kind-Ich – So, wie wir unsere Eltern in uns tragen, so lebt in uns immer auch das Kind, das wir einmal waren. Wir reagieren manchmal uneinsichtig oder trotzig, sind albern oder unsicher. Aber auch positive Qualitäten wie Phantasie, Neugier und Lerneifer können zu dem Kind in uns gehören und sich in der Kommunikation zeigen. Begeben wir uns in die Position unseres Kind-Ichs, dann befördern wir damit gleichzeitig unseren Gesprächspartner in die Eltern-Ich-Position.

Meist ist es uns nicht bewusst, wenn wir in einem Gespräch den Ich-Zustand wechseln.[21]

Abb. 8: Kommunikationsebenen: Das Ich-Zustands-Modell nach Eric Berne

21 Vgl. Eric Berne: Die Transaktions-Analyse in der Psychotherapie. Eine systematische Individual- und Sozialpsychiatrie, Paderborn 2006.

Die evangelische Bischöfin Petra Bosse-Huber hat folgende Metapher geprägt: Seelsorge ist die Muttersprache der Kirche. Sie sagt, dass die Muttersprache einfach, elementar und zugewandt sei, sie ist die Sprache für Träume und Gefühle, sie ist die Sprache, in und mit der Menschen sich am wohlsten fühlen.[22]

Lange Zeit habe ich dieses Bild von der Seelsorge als Muttersprache sehr gemocht. Zeigt es doch, dass Seelsorge elementar zu Kirche gehört. Mögen Leiturgia (Gottesdienst), Martyria (Glaubenszeugnis), Diakonia (Dienst aneinander) und Koinonia (Gemeinschaft) auch ihre Grundvollzüge sein, so ist die Sprache der Kirche, mit der sie auf ihre »Kinder« zugeht, doch die Seelsorge.

Die Idee der Ich-Zustände hat mich aber immer mehr zweifeln lassen. Wenn ich in Mutter- oder Vatersprache mit Menschen kommuniziere, ist die Gefahr groß, aus dem Eltern-Ich heraus zu sprechen. Nach der Triangulation »drückt« das mein Gegenüber ins Kind-Ich. In einem seelsorglichen Gespräch geht es aber vor allem um Kommunikation auf Augenhöhe. Seelsorge sollte dann vielleicht besser die Sprache der Erwachsenen in der Kirche sein.

In seelsorglichen Gesprächen kommt es aber auch oft vor, dass die Person, die Seelsorge in Anspruch nimmt, in einen anderen Ich-Zustand wechselt und damit das emotionale »Gefälle« der Unterhaltung verändert. Die Seelsorgerin muss dann aufpassen, dass sie sich nicht automatisch in eine andere Rolle drängen lässt. Stellen Sie sich beispielsweise eine ältere Dame vor, die im Gespräch an einen Inhalt gerät, der sie befürchten lässt, die Kontrolle zu verlieren. Sie gerät sozusagen »ins Schwimmen«. Diese Dame rettet sich möglicherweise wieder in eine sichere, selbstbestimmte Position, indem sie die Seelsorgerin wie ihre Tochter oder Enkelin behandelt. Das ist ein legitimer Versuch und vermutlich passiert er auch ganz unbewusst. Aber die Seelsorgerin könnte aus einer Kind-Ich-Position heraus ihre seelsorglichen Aufgaben nicht wahrnehmen.

22 Vgl. Petra Bosse-Huber: Seelsorge – die Muttersprache der Kirche. In: Seelsorgliche Kirche im 21. Jahrhundert. Hrsg. von Kramer/Schirrmacher, Neukirchen 2005, Seite 11.

Wenn die Seelsorgerin hier erkennt, was gerade geschieht, dann kann sie die Situation ganz leicht dadurch entschärfen, dass sie das Bedürfnis ihres Gegenübers nach sicherem Grund zur Kenntnis nimmt. Sie könnte dann z. B. dieses Bedürfnis thematisieren oder mit einer humorvollen Bemerkung das Thema wechseln und zurück in ein kontrollierbares Fahrwasser steuern. Die Aufgabe lautet immer, dass sich zwei Menschen auf Augenhöhe begegnen sollen. Wenn das nicht möglich ist, entgleitet der Seelsorgerin die Gesprächsführung und sie kann den Raum nicht mehr öffnen, in dem sich die besuchte Person selbst reflektieren soll.

Nach so viel Theorie folgt im Kurs eine dringend benötigte praktische Einheit zur Kommunikation: Am vorhergehenden Kurstag wurden die Teilnehmerinnen gebeten, für heute eine kurze Gesprächssequenz mitzubringen, die ihnen aus irgendeinem Grund im Gedächtnis geblieben ist. In Kleingruppenarbeit werden die Gesprächssequenzen vorgetragen (oder zumindest einige davon) und besprochen. Die Teilnehmerinnen benennen, welche der heute gelernten Ebenen und Aspekte von Kommunikation ihnen in den Gesprächen auffallen.

In der Reflexionsrunde am Ende der Kurseinheit »Kommunikation« kommt oft zur Sprache, dass dieser Tag eine große Stofffülle und viele neue Denkanstößen bereithält. Diese Kurseinheit finden eigentlich alle sehr interessant, und gleichzeitig »arbeitet« das Gelernte und Erfahrene stark in den Teilnehmerinnen nach.

Und noch etwas wird immer wieder rückgemeldet: Der von uns so getaufte »Tausendfüßler-Effekt«. Ein Tausendfüßler ging so lange problemlos durchs Leben, bis ihn jemand fragte, wie er das mache, bei so vielen Beinen nicht ins Stolpern zu kommen. In dem Moment, als der Tausendfüßler darüber nachdachte, stolperte er.

Wir alle kommunizieren Tag für Tag, und in den allermeisten Fällen funktioniert unsere Kommunikation auch. Erst in dem Moment, in dem wir anfangen, über unsere Kommunikation bewusst nachzudenken, wird es schwierig. Es scheint, als könnten wir uns überhaupt nicht mehr verständlich machen. Ich weiß noch, wie ich mich in meinem ersten KSA-Kurs[23] bei meinem Supervisor über den Verlust meiner Muttersprache beschwerte. Zumindest hatte ich das Gefühl, je mehr ich versuchte, mich bewusst und klar auszudrücken, desto weniger konnte ich mich verständlich machen.

Die Kommunikation im Zeitraffer

Betrachtung der kleinsten Einheiten eines kommunikativen Geschehens:

- Sender ← → Empfänger Modell
- Botschaft – Inhalt – Beziehung
- Inhalt – Ausdruck – Körpersprache

Vorstellung verschiedener Modelle der persönlichen Kommunikation:

- Paul Watzlawick: Axiome der Kommunikation
- Friedemann Schulz von Thun: Kommunikationsquadrat
- Eric Berne: Transaktionsanalyse

Praktische Übung mit mitgebrachten Gesprächssequenzen

23 Pastoralpsychologische Weiterbildung in Seelsorge (KSA) der Deutschen Gesellschaft für Pastoralpsychologie.

4. Gefühle und Emotionen

Gott ist ein multidimensionales Geheimnis, so sagt es Doris Nauer, und nachdem Gott den Menschen nach seinem Abbild schuf, ist auch der Mensch als multidimensionales Geheimnis geschaffen. Wenn Seelsorgende Menschen auf ihrem Lebensweg begleiten möchten, muss demnach auch ihre Seelsorge multidimensional sein.

Eine dieser Dimensionen ist die Seelsorge im pastoralpsychologischen Sinne. Ihr Gegenstandsbereich ist der Mensch, insofern er ein psychologisches, also ein Seelenwesen ist. Der Mensch reagiert auf das, was er erlebt, mit Gefühlen, aus denen sich die »großen Gefühle« oder eben Emotionen aufbauen. Er wird von seinen unbewussten und bewussten Bedürfnissen, Wünschen, Trieben und Emotionen bewegt und geleitet. Über seine Emotionen tritt er mit anderen Menschen in Kontakt und geht in Beziehung. Die Emotionen in der Seele eines Menschen lösen wiederum Resonanzen in der Seele des Gegenübers aus.[24]

Unsere Beweggründe, Handlungen und alles, was wir dazu denken mögen, »fühlen sich irgendwie an«. Das ist eine Art Grundbefindlichkeit. Klaus A. Schneewind formuliert das folgendermaßen: »Motive, Handlungen und Kognitionen sind eingebettet in Erfahrungszustände besonderer Qualität, die unter dem Begriff ›Emotionen‹ zusammengefasst werden können. Emotionen signalisieren der Person die Wichtigkeit und Wertigkeit der Ziele, auf die ihr Handeln gerichtet ist.«[25] Oder stark vereinfacht gesagt: Je intensiver sich das anfühlt, was wir betreiben, desto wichtiger erscheint es uns. Je nachdem, wie sich das anfühlt, was wir betreiben, hat es eine andere Wertigkeit. Verhalte ich mich so, weil mich in dieser Situation die Angst regiert? Kann ich das Grübeln nicht lassen, weil da eine Trauer bearbeitet werden will?

24 Vgl. Doris Nauer: Seelsorge. Sorge um die Seele, Stuttgart ^{3}2014.

25 Klaus A. Schneewind: Persönlichkeitstheorien II, Darmstadt 1984, Seite 326.

Emotionen entstehen ungefragt und unbewusst und ergeben eine Grundfärbung für unseren seelischen Zustand. Wenn wir lernen, die jeweils vorherrschende Gefühlslage zu erkennen, dann hilft uns das, bewusst über das Warum in unserem Leben zu reflektieren. Man muss sich allerdings schon trauen, auch hinzuschauen!

Damit die Bewältigung des Erlebten und zwischenmenschliche Begegnung und Beziehung gelingen kann, braucht es einen Zugang zu den eigenen Gefühlen und Emotionen. Seelsorge ist demnach mäeutisch, eine »Hebammenkunst«. Sie begleitet und unterstützt Menschen dabei, das, was an Bedürfnissen, Wünschen, Trieben und Emotionen *in* ihnen ist, ins Wort zu bringen und damit nach *außen* zu bringen. Oder anders gesagt, dem *Innen* einen wortwörtlichen *Aus*druck zu geben.

Die Seelsorgenden stellen sich dem, was so nach außen gelangt, als Resonanzraum zur Verfügung und geben zurück, was diese Resonanz in ihnen auslöst. So wird das Gegenüber angeregt, sich selbst und seine Emotionen, aber auch seine Beziehungen besser kennenzulernen und zu verstehen. Gefühle, die im seelsorglichen Gespräch geäußert werden, können sich dadurch verändern.

Viele der Kursteilnehmerinnen haben bis zum Ende ihrer Ausbildung dieses Verständnis von Seelsorge verinnerlicht und reflektiert und drücken es in ihren eigenen Worten beispielsweise so aus:

- Seelsorge versucht zu helfen, eigene Gefühle wahrzunehmen. Wer seine Gefühle deuten kann, kann lernen, damit umzugehen.
- In der Seelsorge geht es darum, dem Gegenüber einen Freiraum zu eröffnen, seine eigenen Gefühle zu sortieren.
- Seelsorge heißt für mich, für mein Gegenüber Zeit haben, genau zuhören, interessiert nachfragen, damit sich der Besuchte über seine eigenen Gefühle klarwird und eventuell etwas positiv verändern kann.

Um diese emotionale Geburtshilfe leisten zu können, braucht es einen Zugang zu den eigenen Gefühlen und die geschulte Wahrnehmung derselben, sowie ein Sprachspiel, um über diese Gefühlswelten sprechen zu können.

Denn genau hier liegen auch die größten Herausforderungen, Schwierigkeiten und persönlichen Grenzen, mit denen sich die angehenden Seelsorgerinnen konfrontiert sehen:

- Ich komme immer dann an meine Grenzen, wenn ich eigene, im Gespräch empfundene Emotionen zur Sprache bringen soll.
- Wenn sich im Gespräch bei mir oder meinem Gegenüber starke Gefühle zeigen, versuche ich auszuweichen und abzulenken.

Gerade deshalb beginnen wir das Thema Gefühle im Kurs nicht mit Theorie oder den Gefühlen anderer. Zu Beginn der Kurseinheit stellen wir den Teilnehmerinnen folgende Fragen:

- Welche Gefühle kenne ich?
- Welche Gefühle kommen hier in der Gruppe vor?
- Mit welchen komme ich gut zurecht?
- Mit welchen nicht?
- Welche Gefühle interessieren mich?

Dazu sammelt die Kursgruppe Gefühle auf Moderationskarten und stellt diese im Plenum vor. Im anschließenden Gruppengespräch werden einzelne Gefühle anhand der Fragen besprochen.

Wir machen den Kursteilnehmerinnen keinerlei Vorschriften, welche Gefühle sie sammeln oder wie sie sie benennen sollen. Anfangs nehmen sie oft nur wenige Moderationskarten. Aber wenn sie dann erst angefangen haben, große Emotionen, kleine Befindlichkeiten oder auch Sinneseindrücke, die eine Gefühlsregung auslösen, zu notieren, dann kommt sehr schnell die Frage nach mehr Kärtchen zum Beschriften. So als würde unseren »Gefühlsforscherinnen« erst nach und nach bewusst, was man alles fühlen kann.

Der Zugang zum Thema Gefühle und Emotionen erfolgt wieder über die Auseinandersetzung mit den eigenen Erfahrungen der Teilnehmerinnen. Dahinter steht die Überzeugung, dass ein Zusammenhang besteht zwischen der Art, wie ich mit meinen eigenen Gefühlen lebe und umgehe, und der Art, wie ich mit den Gefühlen anderer umgehe. Dieser persönliche Umgang mit Gefühlen kann im seelsorglichen Gespräch förderlich oder hinderlich sein.

Nachdem die Kursgruppe ihre »Landkarte« der Gefühle vorgestellt hat, legt die Kursleitung Moderationskarten mit Grundgefühlen oder Basisemotionen dazu.

Leider gibt es zum Thema Grundgefühle in der Psychologie kein allgemein anerkanntes System. Für unsere Ausbildungskurse haben wir uns auf folgende Grundgefühle geeinigt:

- Nicht fühlen
- Traurigkeit
- Aggression
- Angst
- Scham und Ekel
- Freude/ Eins sein

Es ist wichtig, sich darüber klarzuwerden, dass jedes der von uns genannten Grundgefühle grundsätzlich wertneutral zu sehen ist! Wir haben nämlich oft die Tendenz, Freude oder Liebe (die man unter »Eins sein« einordnen kann) als uneingeschränkt positive Empfindung sowie Trauer, Angst und Aggression als uneingeschränkt negative Gefühle zu betrachten. Dabei ist allen genannten Gefühlen (sogar dem »Nicht-Fühlen«) gemeinsam, dass sie in bestimmten Situationen erst eine gesunde Reaktion auf unsere Lebensumstände ermöglichen. Einen Verlust werde ich mit einer zugelassenen Trauerreaktion leichter ertragen. Nur mit der nötigen Aggression werde ich mich nach einer Niederlage zu einem Neustart aufraffen können (»Aggression« kommt schließlich vom lateinischen »aggredi«: »auf etwas zugehen«).

Ist eines dieser Gefühle aber in übersteigerter Form vorhanden, sodass alle anderen komplett ausgeblendet werden, dann kippt es ins Ungesunde. Dann kann Nicht-Fühlen zur Erstarrung werden, Trauer zur Depression und Aggression zum Wutausbruch ohne Impulskontrolle. Alle Gefühle haben also etwas Ambivalentes; sie können für uns gesund oder ungesund sein oder – siehe unten – mit Lust oder Unlust verbunden sein.

In einem nächsten Schritt clustern die Teilnehmerinnen die von ihnen gefundenen Gefühle und seelischen Zustände nach den Grundgefühlen. Dabei wird klar: »Große Gefühle« oder Emotionen setzen sich aus vielen kleinen Gefühlen und Zuständen zusammen. Diese Erkenntnisse werden in der folgenden Theorieeinheit gesichert und vertieft.

Beim Zuordnen verschiedenster Gefühlszustände zu den Grundgefühlen hilft mir immer das Bild von den Wurzeln: Die vielzitierten »großen Emotionen« und komplexen Gefühlslagen sind oft aus verschiedenen Grundgefühlen zusammengesetzt und »wurzeln« in diesen. Vorfreude auf eine Begegnung z. B. hat eine ganz große Wurzel im Gefühl »Freude«, aber vielleicht auch ein kleines Würzelchen in der Angst (vielleicht läuft es nicht so, wie ich es mir vorstelle) und möglicherweise ein anderes kleines Würzelchen in der Aggression, die sich hier als Tatendrang äußert. Die kleinen Würzelchen haben in diesem Beispiel eventuell als Aufgeregtheit ihren Auftritt.

Gefühle

Gefühle sagen etwas über die innere Welt des Menschen. Jedes Gefühl steht im Zusammenhang mit einer konkreten Lebenssituation oder einem Lebensereignis. Jeder Mensch hat Gefühle, egal ob er sie äußert oder nicht. Jeder Mensch hat seine eigene Geschichte im Umgang mit seinen Gefühlen (Lebenshintergrund, Herkunftsfamilie, Familie, Erziehung, Sozialisation).

Gefühle zu erleben ist das Ergebnis eines Prozesses der Ausdifferenzierung von Erfahrungen und Kommunikation. Ein Mensch lernt von Kindesbeinen an, sein Leben immer differenzierter wahrzunehmen und entwickelt eine immer größere Fähigkeit, sein Erleben in Sprache auszudrücken und zu verstehen.

Unsere Gefühlserlebnisse haben vier Merkmale:

1. Die Stärke (Intensität) der Gefühle
Wie stark ist das Gefühl, das ich gerade erlebe? Ich kann Freude z. B. als milde Zufriedenheit empfinden oder sie bis zur Ekstase durchleben.

2. Die Spannung (der Erregungszustand) von Gefühlszuständen
Diese kann man in aktive und passive Gefühlsreaktionen unterteilen. Sprich: Inwieweit regt mich ein Gefühl an, etwas zu tun bzw. darauf aktiv zu reagieren? Ich kann z. B. aus Angst davonlaufen oder vor Freude tanzen. Die Spannung geht mit der Stärke des Gefühls meist Hand in Hand.

3. Lust und Unlust
Manche Gefühle werden als angenehm wahrgenommen und andere als unangenehm. Natürlich gibt es Ausnahmen, die man nicht einfach in die Kategorie »gut« oder »schlecht« stecken kann (z. B.: Gefühl der Enttäuschung oder Überraschung). Hier kommen wir nämlich zu einem sehr entscheidenden Merkmal der Gefühlserlebnisse:

4. Die Komplexität der Gefühle
Gefühle werden als sehr komplex bezeichnet, weil sie sich größtenteils aus mehreren Empfindungen, Körperwahrnehmungen und Gedanken zusammensetzen. Wir sprechen dann nicht mehr von einem einfachen Gefühl, sondern von »großen Gefühlen« oder Emotionen. Die Emotion Enttäuschung kann eine Kombination aus Wut, Traurigkeit und Scham sein. Emotionen sind eine Art »Gefühlscocktail«, der sich aus mehreren Komponenten zusammensetzt.

Jenseits der genannten Merkmale werden Gefühle auch in verschiedenen Aspekten empfunden/ wahrgenommen:

- Jedes Gefühl wird körperlich empfunden.

- Jedes Gefühl betrifft einen seelischen Zustand.
- Zu jedem Gefühl gehört ein Gedanke (meist ursächlich-deutend).
- Jedem Gefühl wohnt eine Handlungsbereitschaft inne.[26]

Den größten Nutzen für die Praxis und die Ausbildung haben für mich aus dieser Theorie die zuletzt genannten vier Aspekte von Gefühlen. Wenn ich im seelsorglichen Gespräch Schwierigkeiten habe, ein eigenes Gefühl zu benennen, frage ich nach meiner Handlungsbereitschaft bzw. meinem Handlungsimpuls: Wonach ist mir gerade?

Diese Frage kann auch für das Gegenüber hilfreich sein, um diffuse Gefühle ins Wort zu bringen und ihnen einen Namen zu geben: Wonach ist Ihnen gerade? Was würden Sie gerade am liebsten tun?

Über die Antworten kommt man dann oft sehr einfach zum Gefühl. Wie fühlt sich jemand, der so handelt?

- Mir ist zum Davonlaufen → Angst
- Ich möchte alles kurz und klein schlagen! → Aggression
- Ich möchte einfach nur die Bettdecke über den Kopf ziehen → Trauer
- Ich könnte Luftsprünge machen → Freude

Natürlich sind diese Beispiele sehr einfach gewählt und entsprechen nicht der Komplexität menschlichen Fühlens und Erlebens. Sie zeigen aber die Mechanik, wie im seelsorglichen Gespräch über den Handlungsimpuls, aber auch über das Körpergefühl, den seelischen Zustand oder den ursächlichen Gedanken, Gefühle bewusst gemacht und ins Wort gebracht werden können.

Im Anschluss an die Theorie folgt die Besprechung eines von der Kursleitung vorbereiteten Gesprächsprotokolls (Verbatim). Das Verbatim wird zunächst in verteilten Rollen gelesen. Dann werden die Teilnehmerinnen in der jeweiligen Rolle nach ihren Gefühlen

26 Vgl. Peter Frör: Arbeitsblatt »Gefühle«.

während des Gesprächs befragt. Auch die Teilnehmerinnen ohne Sprechrolle werden nach ihren Gefühlen befragt. Sie antworten aus der Position der Beobachterinnen. Nachdem alle aus ihren aktiven und passiven Rollen entlassen wurden, wird das Verbatim im Gruppengespräch gemeinsam analysiert. Die Kursleitung fokussiert die Besprechung auf das Thema Gefühle.

In der Verbatim-Besprechung werden immer wieder Übertragungs- und Gegenübertragungsphänomene und Widerstände sichtbar und anhand der Protokolle thematisiert und besprochen.

Nach dieser praktischen Übung wird die Kurseinheit mit der Theorie zu Übertragung, Gegenübertragung und Widerstand abgeschlossen.

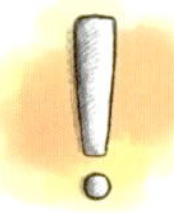

Übertragung, Gegenübertragung und Widerstand

Was ist Übertragung?

- Sigmund Freud entdeckte sie im Verlauf seiner Beschäftigung mit seiner neuen Behandlungsmethode, der Psychoanalyse.
- Übertragung meint kurz: Übertragung von Gefühlen, also das Erleben der therapeutischen oder seelsorglichen Situation durch die Gesprächspartnerin.
- In unserer primären Sozialisation haben wir bestimmte Affekt- und Verhaltensdispositionen entwickelt, die uns emotional geprägt haben. Sie stammen aus Begegnungssituationen mit Schlüsselfiguren unserer frühen Kindheit und Jugend.
  Je nachdem, wie diese Prägungen verlaufen sind (zufriedenstellend, gelassen, enttäuschend, beglückend), so erwarten wir ebendiese emotionalen Qualitäten auch in einer neuen Begegnungssituation als Erwachsene.
- Die Beobachtung Freuds war, dass Menschen frühe, aus der Kindheit stammende, oftmals verdrängte Wünsche, Affekte, Erwartungen (bes. Rollenerwartungen), Gefühle und Befürchtungen unbewusst auf neue soziale Beziehungen übertragen und sie so reaktivieren.

- Das heißt, dass also die fundamentale Mutter-Kind-Beziehung in den ersten Lebensjahren die weitere Gefühlsentwicklung und Kontaktfähigkeit des Menschen in jeder Richtung bestimmt.
- Etwa ab dem 12. Lebensjahr ist so jede Begegnung, die ein Mensch im Gespräch hat, eine Zweitbegegnung.
- Übertragung ist dabei eine allgemein menschliche Fähigkeit zur Beziehungsgestaltung und Kontaktaufnahme, ist Teil jeder Kommunikation. Man kann nicht nicht übertragen.
- Die vorhandenen Muster passen am besten in Interaktionen mit Personen, die den frühkindlichen Sozialisationsobjekten ähnlich sind. Nun sind das aber nicht alle Menschen. Um sie ähnlicher zu machen, beeinflussen wir unsere Begegnungen, und zwar unbewusst, in einer Art und Weise, die diese Ähnlichkeit vergrößert.
- Wir verfolgen also in Begegnungen eigene Wünsche in anderen Menschen.
- Nun unterscheidet man zwischen positiven (Sympathie, Zuneigung, Anhänglichkeit, Liebe) und negativen Übertragungen (Antipathie, Hass, Abneigung, Misstrauen).
- Dabei sind Übertragungserscheinungen in der Regel ambivalent; es gibt meist positive Übertragungen nicht ohne negative und umgekehrt.

Was bedeutet das für die Seelsorge/ Therapie?

- Für die Therapeutin/ Seelsorgerin bedeutet das, dass sehr viel Zu- oder Misstrauen in einem Kontakt nicht ihr, sondern der Übertragungssituation gilt, in die sie hineingerät. Wenn die Seelsorgerin nun jemand ist, die eine der früheren Rollen stark verkörpert, dann wird es auch starke Übertragungen geben, positiv oder negativ.

Woran erkennt man Übertragungen?

- An der verzerrenden Wirkung, die sie entfalten (können), z. B. an übergroßer Freundlichkeit oder überzogener Feindseligkeit, für die es in der aktuellen Begegnung keinen Anlass gibt.

Was ist Gegenübertragung?

- Den Übertragungen eines Ratsuchenden stehen nun aber auch Gefühle beim Berater gegenüber, die sog. Gegenübertragungsgefühle. Denn dieser hat auch Übertragungen zum anderen Menschen hin. Damit er nun nicht zu Fehleinschätzungen seines Gesprächspartners kommt, muss er sich dessen bewusst sein.
- Gegenübertragungen sind emotionale Antworten der Therapeutin/ Seelsorgerin auf die Gesprächspartnerin, ihre Resonanz auf sie. Man kann sie sogar als Gesamtheit aller emotionalen Reaktionen auf das Gegenüber begreifen, besonders auch Körperempfindungen, Handlungsimpulse und Phantasien.
- Therapierende und Seelsorgende sind Mann oder Frau, sie haben ein bestimmtes Alter, Aussehen etc. und laden schon allein dadurch zu Übertragungen ein.
- Gegenübertragungsgefühle sind eine wichtige Quelle der Erkenntnis für den therapeutischen/ seelsorglichen Prozess. Sie helfen, das Gegenüber besser zu verstehen.
- Für Seelsorgende ist deshalb eine sensible Selbstwahrnehmung und Selbsterfahrung wichtig, um Eigenes von Fremdem unterscheiden zu können.
- Im seelsorglichen/ therapeutischen Kontakt kann die Gegenübertragung genutzt werden, um unbewusstes Erleben des Ratsuchenden zu verstehen und Beziehungswünsche anzusprechen. (»Wünschen Sie sich, dass Ihnen jemand die schwierige Situation abnimmt?« »Ich habe beim Zuhören den Eindruck, dass Sie sich in dieser Frage selbst wenig zutrauen. Kann das sein?«)

Woher kommt der Widerstand?

Was man an sich selbst nicht leiden kann, das möchte man auch nicht gern der Gesprächspartnerin zeigen, also ungeliebte eigene Wünsche, Gedanken, Gefühle, Schwächen, Fehler etc.

Widerstand zeigt sich als:

- mangelnde Motivation zu einem ernsthaften Gespräch

- Redseligkeit, die von Wichtigem ablenkt
- unbewusster Wunsch, gut dazustehen und es der Seelsorgerin recht zu machen
- Manipulation, die Seelsorgerin auf die eigene Seite zu ziehen, Parteinahme.

Was tun gegen den Widerstand?

Wenn man Widerstände bemerkt, gilt es, sie zunächst zu akzeptieren; direktes Ansprechen und Konfrontation erhöht sie eher. Man kann aber vielleicht sagen: »Ich merke, dass wir im Gespräch nicht recht vorankommen, sehen Sie das auch so? Woran könnte das liegen?«

Auch Seelsorgende haben Widerstände:

- Wunsch, helfen zu wollen, kompetenten Eindruck machen zu wollen, Verführung zu schnellen Hilfsangeboten
- Problem, Ohnmacht auszuhalten
- Angstauslösende Begegnungen (schwere Krankheit, Tod) verführen dazu, an der Oberfläche zu bleiben oder auszuweichen.

An dieser Stelle im Kursgeschehen besteht wieder die Gefahr, dass die Kursteilnehmerinnen von der schieren Menge der Informationen geradezu überflutet werden. Da darf die Kursleitung dann schon mal beruhigend gegensteuern: Für uns, die wir in seelsorglichen Gesprächen tätig sein wollen, ist es nicht nötig, jeden Gesprächsschritt und jede körpersprachliche Regung in mikroskopisch kleinen Einheiten zu analysieren. Wir müssen nicht therapieren und keine psychologischen Abhandlungen verfassen. Wir müssen uns nur im Klaren darüber sein, dass in einem seelsorglichen Gespräch Gefühle vorkommen werden. Manchmal (eher selten) werden diese Gefühle deutlich ausgesprochen. Manchmal (eher öfter) stehen sie plötzlich einfach so im Raum.

Wenn ich als Seelsorgerin so ein Gefühl im Raum stehen spüre, dann kann ich an dieser Stelle kurz innehalten und mir darüber klarwerden, ob das Gefühl vielleicht von mir kommt oder von der besuchten Person. Und ob das Gefühl etwas mit der geschilderten Situation zu tun hat oder eher etwas mit der derzeitigen Gesprächssituation oder mit der Geschichte der beteiligten Personen. Besonders interessant ist es immer, wenn der sprachliche Inhalt des Gespräches das aufgetauchte Gefühl einfach nicht hergibt; wenn also Gespräch und Gefühl so gar nichts miteinander zu tun zu haben scheinen. Wie gesagt: Solche Situationen erfordern ein kurzes Innehalten und Bewusstmachen. Sie erfordern aber keine detailgenaue abschließende Analyse! Das Wissen um die Hintergründe bereitet uns einfach die Grundlage dafür, verantwortlich mit einer Seelsorgesituation umgehen zu können, auch wenn diese mehrere, komplex miteinander verflochtene Ebenen hat. Und vielleicht auch dafür, eine Idee davon entwickeln zu können, worum es gerade wirklich geht.

In seinem sehr empfehlenswerten Buch »Keine Angst vor der Seelsorge. Praktische Hilfen für Haupt- und Ehrenamtliche« gibt Wolfgang Wiedemann einen für mich sehr wichtigen Hinweis, wie seelsorglich mit Übertragungen umzugehen ist: »Um es auf eine griffige Formel zu bringen: In der Analyse arbeiten wir mehr an der Übertragung, in der Seelsorge mehr in der Übertragung. ›An der Übertragung arbeiten‹ heißt, die Übertragung zu deuten. ›In der Übertragung arbeiten‹ heißt: sich der Übertragungsmöglichkeiten gewahr zu sein, die Übertragungen mitzubedenken.«[27] »Also: Was tun mit Übertragungen? – Sie annehmen und im Herzen bewegen.«[28]

27 Wolfgang Wiedemann: Keine Angst vor der Seelsorge. Praktische Hilfen für Haupt- und Ehrenamtliche, Göttingen 2011, Seite 104.

28 Ebd. Seite 105.

Die Zusammenfassung dieses wichtigen Kapitels überlassen wir nicht ohne Stolz einer ehemaligen Kursteilnehmerinnen, die heute als ehrenamtliche Seelsorgerin tätig ist:

- Seelsorge heißt mitfühlen können, Anteil nehmen an den Ängsten und Sorgen der Menschen, und zu zeigen: Ich kann dir deine Ängste, Sorgen, Schmerzen nicht wegnehmen, aber ich spüre sie und kann in dem Moment, in dem ich bei dir bin, daran Anteil nehmen.

Die Emotionen im Zeitraffer

Erstellen einer »Landkarte« der Gefühle

- Welche Gefühle kennen wir? (auf Zettel schreiben und in die Mitte legen)
- Welche Gefühle kommen hier vor?
- Mit welchen kommen wir gut zurecht?
- Mit welchen nicht?
- Welche Gefühle interessieren mich?

Einzelne Gefühle konkret im Gruppengespräch anschauen

Clustern der gefundenen Gefühle nach den Grundgefühlen

Gefühle und Emotionen

Verbatim-Besprechung mit Fokus auf dem Thema Gefühle

- Lesen des Verbatims in verteilten Rollen
- Abfrage der Rollen nach den Gefühlen während des Gesprächs
- Analyse des Verbatims mit dem Fokus auf den Gefühlen in der Gruppe

Übertragung und Gegenübertragung

5. Das seelsorgliche Gespräch

»Das seelsorgliche Gespräch« ist die letzte Theorieeinheit der drei einführenden Samstage, bevor der Ausbildungskurs in seiner zweiten Hälfte in die Praktikumsphase geht. Das seelsorgliche Gespräch fasst noch einmal viele Inhalte der bisherigen Ausbildung zusammen, fokussiert sie auf die Situation im Gespräch und bereitet gleichzeitig auf die ersten Gehversuche in der seelsorglichen Praxis vor.

In dieser Theorieeinheit arbeiten wir anhand folgenden Schemas, das die zentralen Aspekte eines seelsorglichen Gesprächs zu visualisieren hilft.

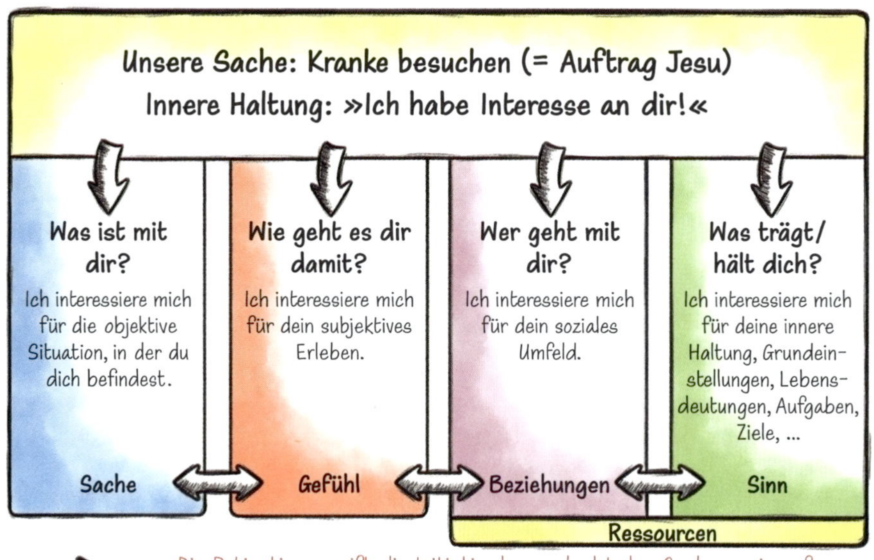

Abb. 9: Das seelsorgliche Gespräch[29]

29 Nach Peter Frör: Arbeitsblatt »Methodik der Gesprächsführung«.

Eines ist klar: Ich kann ein Seelsorgegespräch zwar terminieren und seinen Verlauf planen, der konkrete Ablauf ist jedoch etwas, das ich nicht vorhersehen kann. Die Seelsorgenden müssen lernen, erwartungs-, ziel- und ergebnisoffen in die seelsorgliche Begegnung zu gehen.

Dennoch gibt es ein Grundschema, das helfen kann, sich als Seelsorgende im »unbekannten Land« der Begegnung zu orientieren – kein fester Ablauf und keine genaue Landkarte, mehr ein Kompass zur Orientierung.

Wichtig ist, dass die im Schaubild benannten Elemente eines seelsorglichen Gesprächs keine festen Regeln und auch keine Checkliste sind, die es genauestens zu befolgen oder abzuarbeiten gilt. Es sind Wegmarkierungen, die helfen können, sich zurechtzufinden, und die zeigen, wo im Gespräch sich die Gesprächspartnerinnen gerade befinden.

Trotz der Offenheit des Gesprächs und der Augenhöhe, auf der es stattzufinden hat (Erwachsenen-Ich zu Erwachsenen-Ich), ist es die Seelsorgerin, die das Gespräch führt, d. h. für den Ablauf verantwortlich ist. Das bedeutet selbstverständlich nicht, dass sie für alles die Verantwortung trägt, was ihr Gegenüber fühlt, denkt, sagt und tut. Aber sie ist für die inneren und äußeren Bedingungen des Gesprächs verantwortlich.

An dieser Stelle kommt im Kurs oft die Frage auf, wie man ein Gespräch führt bzw. leitet. Ich beantworte diese Frage immer mit einem Grundsatz, den ich von den Systemikerinnen im Sozialpädagogikstudium gelernt habe. Er lautet: Wer fragt, führt.

Die Kunst, ein seelsorgliches Gespräch in der Hand zu behalten, liegt meines Erachtens nicht in den richtigen Aus- oder Ansagen. Sie liegt in der Fähigkeit, die richtigen Fragen zu stellen und darin, strikt auf der Seite der Fragenden zu bleiben.

Immer wieder erleben wir in den Ausbildungskursen, wie durch die steigende Fragekompetenz der Teilnehmerinnen auch die Sicherheit im Gespräch wächst. Sie lernen immer mehr, wie sie durch interessiertes, belebendes, animierendes, manchmal sogar irritierendes Nachfragen das Gespräch in Gang bekommen und führen können.

Kurz vor dem Start der Praktikumsphase beginnen sich die Kursteilnehmerinnen zunehmend Gedanken zu machen, wie sie auf die verschiedensten Situationen reagieren könnten, auf die sie womöglich – durch das umfassende Theoriestudium aufmerksam gemacht – treffen werden. Da werden oft die abstrusesten Konstellationen heraufbeschworen. Aber die Teilnehmerinnen befassen sich auch mit alltäglichen Gesprächsverläufen, mit denen sie aller Wahrscheinlichkeit nach tatsächlich oft konfrontiert werden. Diese Beschäftigung ist sehr nützlich, weil die wenigsten von uns stets geistreich, spontan und eloquent die »Vorlagen« ihrer Gesprächspartner parieren können. Da ist es schon praktisch, mal ein paar Trockenübungen im Vorfeld gemacht zu haben.

Gerade weil jedes seelsorgliche Gespräch in unbekanntem Land stattfindet, tut es gut, davor kurz innezuhalten und sich einen Moment der Selbstwahrnehmung anzugewöhnen.

- Was nehme ich bei mir selber wahr?
- Wie gehe ich dorthin?
- Ist es ein Erstbesuch oder habe ich dort schon Erfahrungen gemacht?
- Was erwartet mich?
- Was fühle ich in Erwartung des Besuchs?

Mit diesen oder ähnlichen Fragen kann sich die Seelsorgerin noch einmal ihrer inneren Haltung vergewissern.

Diese Haltung der Seelsorgenden sowie der Kursteilnehmerinnen besteht zum einen aus den persönlichen Haltungszielen, wie sie in der Kurseinheit »Haltungsziele« bereits für den Ausbildungskurs offengelegt wurden, und dem Haltungsziel, das die Seelsorge selbst vorgibt: Ich habe Interesse an dir!

Sollte aus Gründen der aktuellen Disposition der Seelsorgerin dieses Interesse nicht bestehen oder durch zu viele eigene Interessen überlagert werden, ist ein gelingendes Seelsorgegespräch nur schwer denkbar. Dabei kann es natürlich nicht darum gehen, alle eigenen Interessen und Bedürfnisse abzuschalten. Es genügt meist, sie sich bewusst zu machen und, wenn möglich, auf nach dem Gespräch zu verschieben.

Achtung, Falle! Als Seelsorgerin können Sie natürlich nicht in ein Gespräch gehen, wenn Sie der Situation und der besuchten Person gefühllos gegenüberstehen. Übertreiben Sie die Einfühlung in Ihr Gegenüber aber bitte auch nicht, indem Sie alles auf sich beziehen! Sonst könnte es passieren, dass plötzlich Ihr persönliches Wohlergehen, die Zahl Ihrer Kinder und der Tod Ihres Opas Gegenstand der Diskussion sind. Und darum geht es in dem Gespräch definitiv nicht! Fokus auf die Klienten. Nicht den Faden verlieren. Gewinnen Sie die Führung wieder zurück, indem Sie eine interessierte Frage stellen (erinnern Sie sich: Wer fragt, führt). Und weiter im Text.

Aus meiner eigenen seelsorglichen Praxis erzähle ich an dieser Stelle gern von der Frau meines Cousins. Sie ist mit 40 Jahren an einem Gehirntumor verstorben und ich durfte sie in ihren letzten Tagen begleiten. Seitdem begleitet mich die Trauer um sie immer, wenn ich in Situationen komme, in denen ich schwerkranke Frauen in ähnlichem Alter begleiten soll. Vor diesen Besuchen führe ich ein kurzes inneres Gespräch mit meiner Verwandten. Ich mache mir bewusst, dass sie in meinen Gedanken und in meinem Herzen mit in der Begegnung sein wird. Ich verhandle mit ihr, dass sie gern hinter mir stehen darf, um mir im seelsorglichen Gespräch den Rücken zu stärken. Ich verbiete ihr aber, sich ins Krankenbett zu legen, damit ich meine Trauer um sie nicht auf meine Gesprächspartnerin übertrage. Dieses Ritual des Bewusstmachens hilft mir, mein Interesse ganz auf die Person zu richten, die ich tatsächlich antreffen werde.

Um im Gespräch die Orientierung zu behalten, ist es hilfreich, sich zu vergegenwärtigen, dass jedes Gespräch einen Anfang, einen Verlauf und einen Schluss hat. Das bedeutet für die Seelsorgerin, dass sie in jedem Gespräch mit ihrer Gesprächspartnerin diese drei Schritte gehen muss:

- In das Gespräch hineinkommen,
- im Gespräch bleiben
- und wieder herauskommen.

Das klingt zunächst banal, ist es aber nicht, weil jeder Schritt seine eigenen Gesetzmäßigkeiten und Schwierigkeiten hat. Vor allem Anfängerinnen konzentrieren sich auf den ersten Schritt und sind oft verunsichert, was sie damit auslösen. Demgegenüber kann die Gesprächspartnerin mit Fug und Recht erwarten, dass die Seelsorgerin sich darüber im Klaren ist, dass die drei Schritte gegangen werden müssen. Vielleicht passt hier das Bild einer Pilotin, die die Maschine in die Luft bringen, oben halten und wieder heil herunterbringen muss. Erfahrungsgemäß sind in der Seelsorge, wie beim Fliegen, besonders Schritt 1 und 3 unfallträchtig.

Auf die Elemente des Gesprächsanfangs kommen wir später in diesem Kapitel noch zu sprechen, wenn es um die praktische Übung zum Anfang eines seelsorglichen Gesprächs geht. Um das Gesprächsende wird es später im Zusammenhang mit auf- und zudeckenden Interventionen gehen. Hier konzentrieren wir uns auf den Gesprächsverlauf zwischen der Anfangs- und der Endphase.

Wenn in der Anfangsphase tatsächlich ein Kontrakt zwischen Seelsorgerin und besuchter Person geschlossen wurde, merkt man das im Gespräch (und in den Verbatims) meistens daran, dass nun die Menschen anfangen, aus ihrer Geschichte zu erzählen. Das schließt die ganze überraschende Fülle dessen ein, was im menschlichen Leben möglich ist. Für diese Lebensberichte gilt alles, was bereits im Kapitel über Biografiearbeit gesagt worden ist.

Gleichzeitig ist damit die Rollenverteilung gegeben, die das Gespräch bestimmt: Eine hat jetzt Raum zum Erzählen, die andere ist die »exemplarisch andere«, der Mensch, der zuhört und dessen Zuhören die Geschichte erst zu dem macht, was sie ist, nämlich »erzählenswert« und damit sinnhaft und sinnvoll. Wenn eine von sich erzählt und die andere zuhört, ist Seelsorge bei ihrer Sache.

Eine wesentliche Kunst in der Seelsorge ist es, Geschichten zu verstehen. Hier berührt sich die Kunst biblischer Hermeneutik mit der aktuellen seelsorglichen Situation. Dabei können jeweils vier Ebenen (siehe Schema nach Peter Frör, Seite 78 in diesem Buch) unterschieden werden, auf denen sich die Erzählung bewegt, die einander durchdringen und abwechseln, die vorkommen können, aber nicht müssen. Für die Seelsorgerin ist es wichtig zu wissen, auf welcher Ebene sich das Gespräch gerade bewegt:[30]

Sache

In der Geschichte werden Inhalte, Informationen und äußere Vorgänge erzählt: »Ich bin jetzt schon vier Wochen hier. Aber so richtig kenne ich mich immer noch nicht aus.«

In den letzten Jahren ist die Kunst des »Zuhörens auf der Inhaltsebene« erst wieder richtig entdeckt worden. Sie ist der Anfang aller Seelsorgekunst. Es geht darum, sich ein Bild von der Situation zu verschaffen und den Sachverhalt zu erfassen. Das ist in der Regel schwieriger als vermutet und heißt, dass ich zuerst einmal das erfasse, was mein Gegenüber mir mitteilt.

Die Menschen sortieren die Ereignisse, über die sie sprechen möchten, nicht nach Wichtigkeit und servieren sie dann auf einem silbernen Tablett. Eher sind sie sich oft selber nicht bewusst, was eigentlich das Thema ist, oder ein Sachverhalt ist zu schwierig, um klar kommuniziert zu werden. Deshalb ist es für Seelsorgende besonders wichtig, den Geist auf Weite, Offenheit und »Empfang« zu stellen,

30 Vgl. Peter Frör: Arbeitsblatt »Methodik der Gesprächsführung«.

bevor sie in das Gespräch gehen. Nur dann kann man genügend Aufmerksamkeit aufbringen, um wirklich wahrzunehmen, was die Klienten äußern.

Eine Bewohnerin sagt: »Ich kann meinen Arm nicht bewegen.« Die Seelsorgende verzichtet zunächst darauf, das Gefühl, das mit dieser Mitteilung verbunden ist, zu erfassen, sondern interessiert sich für diese Mitteilung, etwa mit der Bitte: »Wollen Sie mir einmal zeigen, wie das ist mit Ihrem Arm?«[31]

Hier zahlt sich aus, was die Kursteilnehmerinnen in der ersten Runde der Betrachtung ihrer Lebensbilder gelernt haben: Sehen, was da ist, ohne es sofort zu interpretieren, analysieren und deuten zu wollen. »Sich ein Bild von der Situation machen« bedeutet für mich: betrachten und wirken lassen, welches Bild mein Gegenüber mir von sich zeigt.

Das Interesse am genauen Sachverhalt eröffnet einen Weg: Er führt von den Fakten zu der Geschichte und über die Geschichte zu der Möglichkeit, etwas von der Tragweite eines Sachverhalts zu erfassen. Verstehen beginnt immer mit dem Erfassen der Tragweite eines Sachverhalts.

Wie soll etwa ein Mensch sich verstanden fühlen, wenn die Seelsorgerin bereits nach zwei Sätzen so tut, als hätte sie etwas verstanden, ohne sich zuerst einmal für den Sachverhalt zu interessieren? Umgekehrt schafft die Bemühung um den Sachverhalt das Vertrauen, das notwendig ist, um einen Schritt weiterzugehen. Die Brücke zwischen Sachverhalt und Person ist das Verstehen der Tragweite einer Mitteilung.[32]

31 Vgl. ebd.

32 Vgl. ebd.

Gefühl

Nachdem die Situation und vielleicht ein Teil der Lebensgeschichte berichtet sind, kommt die Erzählende meistens ganz von allein zu sich selbst. Die Seelsorgerin erkennt das daran, dass ihr Gegenüber anfängt, von sich zu sprechen, und Gefühle zeigt: »Seit mein Mann gestorben ist, bin ich ganz allein«, sagt die Bewohnerin und beginnt zu weinen.

Es ist wesentlich für den weiteren Verlauf des Gesprächs, ob die Seelsorgerin jetzt bereit ist, das »sichere Terrain« des Sachgesprächs zu verlassen und ihrem Gegenüber auf diese neue Ebene zu folgen. Denn hier wird die »unheimliche« Welt der Gefühle betreten, die von den Kursteilnehmerinnen – neben dem theoretischen Wissen über Emotionen – vor allem Mut, Achtsamkeit, Anteilnahme und Einfühlung verlangt.

Ein Grundsatz in der Seelsorge heißt: Wenn ein Mensch sich in seinem Gefühl verstanden fühlt, dann kann sich das Gefühl auch verändern.[33]

Eine der größten Sorgen der angehenden Seelsorgerinnen ist oft, dass ihre Gespräche im Praktikum nicht »tief« genug gehen könnten. Sie befürchten, dass es beim oberflächlichen Smalltalk bleiben könnte, und sie nehmen sich noch vor dem ersten Gespräch fest vor, in die Ebene der Gefühle vorzudringen. Was dann in der Praxis geschieht, ist sehr oft genau das Gegenteil. In den meisten Gesprächen wechseln die Besuchten ganz von allein und manchmal sogar sehr schnell auf die Gefühlsebene. Manchmal kommt es mir vor, als würden sie die Praktikantinnen »testen« wollen. Oft stehen dann schon beim ersten Anlauf tatsächlich existenzielle Fragen und die damit verbundenen großen Gefühle im Raum. Was dann geschieht, ist Folgendes: In den allermeisten Fällen sind es die Praktikantinnen, die die Flucht zurück auf die Sachebene antreten. Sie sind anfangs überwältigt von den Emotionen, die da plötzlich auf sie zukommen.

33 Vgl. ebd.

Ich sage den Teilnehmerinnen an dieser Stelle also immer, dass keine Gefahr besteht, dass ihr Gegenüber nicht auf die Ebene der Gefühle gelangt. Die Frage ist vielmehr, ob sie selbst überhaupt auf diese Ebene möchten.

Wie bereits gesagt: Man muss sich schon auch trauen, hinzuschauen. Und für den Fall, dass sich alles nach plötzlicher Untiefe anfühlt: Wir lernen auch noch wirksame Ausstiegsstrategien als Sicherheitsfangnetz. Die Rückkehr zur Sachebene ist eine davon. Mit weiteren befassen wir uns später unter dem Stichwort »zudeckende Interventionen«.

Beziehungen

Die Ebene der Beziehungen ist dann erreicht, wenn die für die Erzählende relevanten Beziehungen zum Thema werden. Gleichzeitig kann sich die Seelsorgerin ein Bild machen, wer die Menschen sind, die für ihr Gegenüber jetzt wichtig sind. Beispiele dafür können Sätze sein wie: »Eigentlich hätte ich gedacht, dass meine Tochter mich besuchen würde. Aber sie hat sich bis jetzt nicht sehen lassen«, oder »Ich komme hier im Heim ganz gut zurecht, aber in Gedanken bin ich immer bei meinem Mann. Er ist jetzt allein zu Hause und kann sich nicht helfen.«[34]

Oft ergibt sich hier ein schneller Wechsel zwischen biografischen Erzählungen und Information auf der Sachebene (z. B. über die Familienstruktur: Wer ist wer? Wer gehört zusammen? Wer ist gegangen?), der Beschreibung der Beziehung und der damit verbundenen Gefühle. An dieser Stelle kann eine Erinnerung an den bereits im Kapitel zur Biografiearbeit erwähnten Blick auf die tatsächlichen (Familien-)Bilder im Raum helfen.

34 Vgl. ebd.

Sinn

Jede Lebenssituation birgt auch eine Glaubensfrage in sich, wie umgekehrt jede Glaubensfrage an bestimmte Lebenssituationen gebunden ist. Gerade in Zeiten von Krise und Krankheit können aus der Tiefe solche Fragen auftauchen, die mit der »bewussten« kirchlichen Sozialisation oft nur wenig zu tun haben. Andererseits stellt die Glaubens-Geschichte eines Menschen das Material zur Verfügung, mit dem die jetzige Glaubensproblematik verarbeitet und weitergeführt wird.[35]

Häufig stellen die Erzählenden selber solche Zusammenhänge her. Andererseits ist es gut, wenn die Seelsorgerin dabei Hilfestellung leistet. Wie auch sonst im Gespräch, kann die religiöse Thematik in geprägter oder indirekter Form zutage treten. Menschen fragen ganz direkt: »Beten Sie noch mit mir?«, oder sie fragen: »Sagen Sie, wie Gott das zulassen kann. Ich habe doch nie einem Menschen etwas Böses getan.«

Ich habe zum Umgang mit der Bibel und mit biblischen Texten in der Seelsorge von meinem Seelsorgelehrer Gottfried Mahlke einen sehr wertvollen Tipp bekommen. Anstatt mich zu bemühen, für bestimmte Lebenssituationen eine passende Bibelstelle zu finden und anzubieten, frage ich jetzt mein Gegenüber, ob ihr eine passende Bibelstelle für die gerade geschilderte Situation einfällt. Es erstaunt mich immer wieder, was auch angeblich nicht bibelfeste Menschen aus ihren Kindheitserinnerungen »herauskramen« und wie wunderbar passend sie ihr eigenes Leben im Licht der Bibel auslegen und deuten können.
Diese Übung unterstreicht zudem, dass es in seelsorglichen Gesprächen natürlich auch um Glauben, Spiritualität und Religiosität gehen darf. Es ist aber Sache der Besuchten, auf diese Ebene zu wechseln, und das Gespräch dreht sich immer um **ihren** Glauben, **ihre** Spiritualität und **ihre** Religiosität und nicht um die der Seelsorgenden. Die Frage der Teilnehmerinnen »Was ist, wenn mich jemand

35 Vgl. ebd.

nach meinem Glauben fragt?« kann ich sehr entspannt so beantworten: »Mich hat noch niemand gefragt.«

Manche Menschen behaupten von sich, an nichts zu glauben. Aber wir alle richten uns nach irgendwelchen Glaubenssätzen, auch wenn diese nichts mit Religion zu tun haben. Einige glauben an ihre eigenen Fähigkeiten, andere an die Person ihres Vertrauens, die Grundregeln des Universums, die Wissenschaft, »das Glück« oder daran, dass sie immer einen Parkplatz finden, wenn es nötig ist ... Diese Glaubenssätze gründen in unseren Vorerfahrungen und wirken sich darauf aus, wie wir das Leben bewältigen. Es ist spannend, solche Mechanismen im eigenen Leben näher zu betrachten und zu begreifen. Seelsorgende unterstützen ihre Klienten dabei, sich diese Perspektive auf sich selbst zu erschließen.

Während eines Gesprächs können die einzelnen Ebenen natürlich wechseln, oft begleitet von Brüchen, Pausen oder abrupten Themenwechseln. Die Seelsorgerin orientiert sich daran, sich ein Bild von der Situation zu machen, aktiv zuzuhören, mitzugehen (auch wenn es nicht ihr Weg ist), den Gesprächsfortgang zu fördern (z. B. durch Nachfragen, Interesse äußern, spiegeln etc.) und ihr Angebot zu formulieren.

Von der Seelsorge wird dabei kein therapeutisches Intervenieren erwartet. Die Seelsorgerin darf »Fehler« machen. Anteilnahme und Echtheit sind immer wichtiger als eine methodisch absolut saubere Gesprächsführung. Allerdings ist es wichtig, sich auf der beschrieben »Landkarte« eines Gesprächs auszukennen und sich orientieren zu können.

Ist die Erzählende zu einem gewissen Punkt gekommen oder ist die Zeit (ca. 45 Minuten für einen normalen seelsorglichen Besuch) zu Ende, ist es wiederum die Aufgabe der Seelsorgerin, das Gespräch zu einem guten Abschluss zu bringen. Hier nur die möglichen Elemente des Gesprächsabschlusses in aller Kürze:

- Zusammenfassen
- Verabredungen treffen (Wie geht es weiter?
  Was wird jetzt daraus?)
- Realismus und Verlässlichkeit haben hier ihren Ort.
- Verabschiedung
- Wünsche
- Segen

Methodik der seelsorglichen Gesprächsführung

Zuhören und den anderen verstehen

Dem anderen zuzuhören, ihn wahrzunehmen und zu verstehen, ist nicht Mittel zum Zweck, sondern selbst Seelsorge. Wo ein Mensch von sich und seinem Leben, seinem Leiden, seinem Kämpfen und Hoffen erzählt und die Seelsorgerin zuhört, da ist Seelsorge bei ihrer Sache.

Die Impulse für dieses Verständnis von Seelsorge kommen aus der amerikanischen Seelsorgebewegung und aus der Rezeption von Erkenntnissen der Psychologie, vor allem der Tiefenpsychologie. Nicht so sehr der Inhalt dessen, was die Seelsorgenden zu einem bestimmten Problem vom Evangelium her zu sagen haben, steht im Mittelpunkt der Aufmerksamkeit, sondern wie der andere mit seiner Mitteilung, seinen Gefühlen, seiner Lebenssituation zu verstehen sei. Der Kommunikationsvorgang selbst wird als das Medium von Seelsorge verstanden.

Manfred Josuttis formuliert den Grundsatz, der allen psychotherapeutischen Verfahren gemeinsam ist: »Meistens liegt der therapeutischen Arbeit dabei eine doppelte Annahme zugrunde: Durch Worte, die einer anhören musste, ist seine Identität erheblich beschädigt – durch Worte, denen ein anderer zuhört, kann sich seine Identität allmählich rekonstruieren.«[36]

Ein Psychotherapeut hat besonders für die seelsorgliche Ge-

36 Manfred Josuttis: Auf der Flucht vor Konflikten? Vermutungen zum Siegeszug einer neuen Seelsorgemethode, in: Evangelische Kommentare. Jahr 1974, Band 10, Seiten 599–601.

sprächsführung große Bedeutung erlangt, ist fast so etwas wie ein »Seelsorge-Heiliger« geworden: Carl Rogers. Dabei hat er seine »klientenzentrierte«, »nondirektive« Gesprächsmethodik nicht für Seelsorger und Theologen entwickelt, sondern als ein Therapieverfahren, das auf bestimmten anthropologischen Grundannahmen beruht, die die Ich-Psychologie in den Vordergrund stellen.

Zu erklären ist Rogers Einfluss wohl nur so, dass er mit seinem Ansatz eine griffige, offenbar leicht erlernbare Alternative zum kerygmatisch ausgerichteten (d. h. auf Glaubensverkündigung zielenden) Seelsorgeverständnis bereithielt.

Die Vorteile des Rogers'schen Ansatzes liegen da, wo sie die Seelsorgenden zu einem geduldigen, einfühlsamen Zuhören und Mitgehen einladen und ihnen ein Verständnis dafür geben, wie Sich-verstanden-Fühlen den anderen anspornt und ermutigt auf dem Weg der Selbst-Exploration. Ziel der Seelsorge ist dann, dass das Gegenüber sich über das Verstandenwerden selbst besser versteht und so auf seinem Weg zu sich selbst vorankommt.

Gesprächsmethodisch heißt den anderen verstehen:

1. den Inhalt dessen verstehen, was der andere sagt
2. das Gefühl verstehen, das der andere dabei/damit hat
3. die Intensität dieses Gefühls erfassen

»Spiegeln« ist dann nichts anderes, als dem anderen mitzuteilen, was ich verstanden habe. Bei allen Bemühungen kann das immer nur ein Bruchteil von dem sein, was mir mitgeteilt worden ist. Dennoch ist das, was der andere von meinem Verstehen erfährt, der Anhaltspunkt für ihn, sich selbst zu ordnen, zu orientieren und zu verändern.[37]

Auch diese letzte Theorie-Einheit wird mit einer praktischen Übung abgeschlossen. Die Gruppenmitglieder erproben im Rollenspiel den Anfang eines seelsorglichen Gesprächs. Keine Angst, es

37 Peter Frör: Arbeitsblatt »Methodik der Gesprächsführung«.

wird kein professionelles Improvisationstheater verlangt! Eine Teilnehmerin übernimmt die Rolle der Besuchten und eine andere die Rolle der Seelsorgerin. Wir lassen die ersten Rollenspiele in Zweiergruppen laufen, damit jede Teilnehmerin mindestens einen Versuch hat. Danach kommt die Gruppe wieder zusammen und wir schauen uns ein paar dieser Versuche im Plenum an. Anhand der Rollenspiele erarbeiten wir mit den Teilnehmerinnen die Elemente eines gelungenen Gesprächsanfangs mit einer Begrüßung und Vorstellung durch die Seelsorgerin mit ...

- dem vollständigen Namen
- dem Auftrag: Wer kommt da?
- und dem Gesprächsangebot: Was will ich hier?

Kaum haben die Kursteilnehmerinnen die ersten Gesprächseinstiege gesehen und selbst mit der ersten holprigen Vorstellung gehadert, werden sie gleich viel routinierter! Jede kann sich einen Einstieg zurechtlegen, der sich für sie gut und komfortabel anfühlt. Das nimmt auch gleich etwas von den Befürchtungen, die die meisten vor dem ersten Praktikumsgespräch vor sich herschieben.

Mit ziemlicher Sicherheit entsteht an dieser Stelle ein Gespräch darüber, in welcher Funktion bzw. mit welchem Titel sich die Praktikantinnen vorstellen dürfen oder sollen, oft auch wollen. Darin spiegelt sich – neben der Unsicherheit der Ehrenamtlichen – auch eine Diskussion der letzten Jahre und Jahrzehnte unter den hauptamtlich Seelsorgenden.

»Hinter der Frage, wer sich ›Seelsorger*in‹ nennen darf, steht sicher der nachvollziehbare Wunsch nach Qualität, Qualitätsstandards und Qualitätssicherung in der Seelsorge. Allerdings ist dadurch auch in Vergessenheit geraten, dass alle Getauften zur Seelsorge gerufen sind.«[38]

38 Vgl. Michael Fischer: Ehrenamtliche in der Krankenhausseelsorge, Freiburg 2014, Seite 22.

Es stellt sich also die grundsätzliche Frage: Wer kann für die Seele sorgen? Ich halte es da gern mit einer einfachen und deshalb in meinen Augen guten Definition von Doris Nauer: »Menschen, die Seelsorge betreiben, nennen wir Seelsorgerinnen«,[39] und so sage ich das auch den Kursteilnehmerinnen.

Die differenzierenden Adjektive »hauptamtlich« und »ehrenamtlich« stehen für mich nicht für einen qualitativen Unterschied, auch das sage ich. Es geht dabei um eine differenzierte Rollenbeschreibung und um unterschiedliche Verantwortungsbereiche. Hauptamtlich Seelsorgende sind meist für umfangreiche Bereiche zuständig, für einen Pfarrverband, eine Institution oder neuerdings auch für Sozialräume. Die Arbeit der ehrenamtlich Seelsorgenden ist, was den Verantwortungsbereich und die Art der Tätigkeit angeht, eingegrenzt. Sie sind im Rahmen ihres Praktikums für einzelne Wohnbereiche/ Stationen oder einzelne Bewohner*innen/ Patient*innen zuständig. Für diesen Bereich und für diese Menschen sind sie aber die Seelsorgerin. Ich empfehle daher, sich auch als solche vorzustellen: »Ich bin Seelsorgerin.« So wissen die Besuchten, was von der Person, die da gerade in ihr Zimmer gekommen ist, zu erwarten ist: Seelsorge.

Alle umständlichen und langwierigen Beschreibungen wie »Ich mache gerade eine Ausbildung in Seelsorge und bin jetzt im Praktikum und soll nun Leute besuchen und deshalb bin ich hier« funktionieren (nicht nur in der Alten- und Behindertenseelsorge) nicht.

Auch bei der Begrüßung einer Person gelten die Grundsätze der persönlichen Kommunikation: Der Hauptanteil des wichtigen ersten Eindrucks wird nonverbal vermittelt. Der gesprochene Text ist dabei manchmal sogar nur die Untermalung. Das wird besonders deutlich, wenn man beispielsweise bei einer Veranstaltung anderen Menschen vorgestellt wird: Oft ist man so damit beschäftigt, die neuen Eindrücke zu sortieren, dass man hinterher zwar weiß, wer besonders

39 Doris Nauer: Seelsorge. Sorge um die Seele, Stuttgart ^{3}2014, Seite 13.

nett lächelt, wer auf einen selbst bedrohlich, einladend, sympathisch oder uninteressant wirkt – aber wie hieß diese Person doch gleich? Für unser Überleben ist es eben wichtiger, gleich einzuschätzen, was die Begegnung mit dem Gegenüber für einen bedeutet (Zeitvertreib, Freude, Gefahr ...), als zu wissen, wie jemand heißt und ob er in Behördendeutsch fehlerfrei seine Tätigkeitsbeschreibung herbeten kann. Sprachlicher Inhalt wird oft nur in Schlagworten aufgenommen. Worte wie »Seelsorgerin« und kurze Erläuterungen wie »von der Gemeinde hier« werden aufgenommen; kompliziertere Erklärungen führen eher zu einem direkten Ausstieg aus dem Gespräch.

Nach dem Rollenspiel fragen wir die »Darstellerin« der besuchten Person immer: »Wussten Sie, wer Sie da besucht hat?« Ist manchmal ganz lustig, dass eine Kursteilnehmerin (die schließlich weiß, wer hier im Kurs mit ihr sitzt) in ihrer Rolle oft gar nicht mitbekommen hat, wer sie da besuchen wollte.

Den Teil des Gesprächs, der nach der – hoffentlich gelungenen – Vorstellung folgt, könnte man als Testphase bezeichnen. Damit sind die ersten Interaktionen zwischen den Gesprächspartnerinnen gemeint. Hinter dem, was tatsächlich gesprochen wird, wird die Frage verhandelt, ob der Besuchte sich tatsächlich auf ein Gespräch einlassen will.

Häufig werden die Seelsorgenden mit ambivalenten Fragen, manchmal sogar Provokationen auf die Probe gestellt: »Wollen wir doch mal sehen, was die Seelsorgerin dazu zu sagen hat. Davon werde ich abhängig machen, ob ich mit ihr weiterreden will.« So oder so ähnlich versuchen die Besuchten intuitiv, etwas von der Seelsorgerin in Erfahrung zu bringen. Natürlich ist das kein bewusster Vorgang.

Es hat sich gezeigt, dass es sich bei der Analyse von Gesprächsprotokollen lohnt, besonders genau auf diese ersten Interaktionen zu achten. Sie sind oft der Schlüssel zum Verständnis des Ganzen, besonders dafür, welche Beziehung sich zwischen der Seelsorgerin und der Gesprächspartnerin entwickeln wird. Oder anders gesagt: welche Übertragungen und Gegenübertragungen wirksam werden.

Besteht die Seelsorgerin diese erste Testphase, kommt es zum Gesprächskontrakt.

Er markiert die Stelle, an der beide Gesprächspartnerinnen übereinkommen, dass sie miteinander ein Gespräch führen wollen. Der Gesprächskontrakt kann sowohl »formell« als auch »informell« geschlossen werden.

Kontrakt

Eine Person braucht etwas, eine andere Person bietet etwas an, und sie müssen sich darüber verständigen, ob und wie das Brauchen und das Anbieten angemessen zusammenkommen können. Dies sind die Bestandteile eines seelsorglichen Kontraktes.

Ohne Brauchen, ohne Not und ohne Sehnsucht gibt es keine Notwendigkeit für Seelsorge. Seelsorge setzt immer eine Not oder ein Bedürfnis nach Veränderung voraus.

Ohne Angebot, ohne Fähigkeiten und Kompetenz gibt es ebenfalls keine Möglichkeit für Seelsorge.

Die Kompetenz der Seelsorgenden schafft die Voraussetzung für gute Seelsorge. Ihr Gelingen hängt dagegen von der Umsetzung durch die Seelsorgepartnerin und letztendlich von Gott ab.

Ohne »Wir«, ohne Beziehung, gibt es kein Fundament für die Seelsorge. Eine tragfähige Beziehung ist unabdingbare Voraussetzung jeder Seelsorge.

Ohne Verständigung, ohne inhaltlichen Kontrakt über das Bedürfnis der Besuchten und des Angebots der Seelsorgerin gibt es weder Erlaubnis noch Perspektive für gelingende Seelsorge.

Der Kontrakt hat mehrere wichtige Funktionen für das seelsorgliche Gespräch. Er sorgt z. B. dafür, »sinnvolle Gespräche zu führen, bei denen mein Gegenüber erkennbar ist und ich selbst auch«, sagt die Pfarrerin und Krankenhausseelsorgerin Dagmar Kreitzscheck.[40] Vor allem die aufsuchende Seelsorge, in der die Seelsorgenden teilweise unaufgefordert ihr Angebot zu den Besuchten bringen, bedarf eines Kontrakts, um den Zweck, die Absicht und das Ziel des Gesprächs für beide Seiten transparent zu machen.[41]

Dringend notwendig ist ein Kontrakt auch dann, wenn die Auftragslage nicht klar ist – also immer dann, wenn die Seelsorgerin zu jemandem geschickt wird. In dieser Situation kommt der Auftrag zur Seelsorge zunächst von der Pflege- oder Betreuungskraft, von den Angehörigen oder im Praktikum auch von den Mentorinnen vor Ort.

Gottfried Mahlke hat dazu den schönen Satz geprägt: »Wer anruft, hat das Problem.« Damit ist gemeint, dass zunächst die auftraggebende Person ein Bedürfnis hat, evtl. sogar ein eigenes Bedürfnis nach Seelsorge, Entlastung oder einer Verhaltensänderung bei der Person, die besucht werden soll.

Ich erinnere mich an eine Dame aus meiner Pfarrei, die mich immer wieder angerufen und gebeten hat, ich solle doch ihren Mann besuchen und mit ihm reden. Was die Frau so beunruhigte, war, dass ihr Mann immer wieder vom Sterben sprach und davon, dass er so nicht weiterleben möchte. Im Gespräch machte der Mann auf mich jedes Mal einen sehr aufgeräumten und klaren Eindruck. Er war über 90, hatte viele körperliche Beschwerden, hatte ein langes und aus seiner Sicht zufriedenes Leben geführt und war jetzt – im

40 Dagmar Kreitzscheck: Was willst du, dass ich dir tue? Über die Notwendigkeit der Arbeit mit inhaltlichen Kontrakten in der Klinikseelsorge, in: Wege zum Menschen. Jahr 2004, Band 56, Heft 5, Seite 407.

41 Vgl. ebd. Seite 409.

besten Sinne des Wortes – »lebensmüde«. Dabei wirkte er im Gespräch keinesfalls traurig oder gar depressiv. Ganz im Gegenteil zu seiner Frau, der Auftraggeberin. Sie schien mit dem Gedanken an den baldigen Tod ihres Mannes nur sehr schlecht zurechtzukommen. Etwas zugespitzt gab es also zwei Aufträge: »Erlaube mir zu sterben« und »Verbiete ihm zu sterben«.

In Situationen, in denen Auftraggeberin und besuchte Person nicht identisch sind, gilt es also zunächst zu klären, ob sich Seelsorgerin und Besuchte überhaupt vertragseinig werden. »Seelsorge bedeutet: Bündnisse mit Menschen einzugehen.«[42]

In den Rollenspielen und der darauffolgenden Analyse in der Gruppe (und selbstverständlich später im Praktikum) gilt es für die Teilnehmerinnen einerseits zu lernen, mutig und direkt zu sagen, was sie anzubieten haben (Seelsorge), und andererseits ein Gespür dafür zu entwickeln, wie ein Einverständnis zum Gespräch von den Besuchten geäußert wird. In der Praxis wird dieses Einverständnis nicht heißen: »Ja, ich möchte mit Ihnen über meine Probleme sprechen«; viel eher wird es lauten: »Setzen Sie sich doch hin.«

In der Reflexion der Rollenspiele in der Kursgruppe geht es um folgende Fragen:

- Wusste die Besuchte, wer da bei ihr war?
- Wie hat der Besuch sich angefühlt?
- Kam eine Übereinkunft (ein Kontrakt) zustande, dass die beiden ein Gespräch führen wollten?
- War der gegenseitige Umgang respektvoll?
- Welche Aussage hat beim Gegenüber was bewirkt?

42 Ebd. Seite 410.

Wenn im Rollenspiel oder auch in der Praxis ein Grundkonsens oder Grundkontrakt zustande kommt, ist in einem weiteren Schritt zu klären, um welche Art von Gespräch es im Folgenden tatsächlich gehen wird.

Grundsätzlich gilt: »Ohne Problem gibt es keinen [seelsorglichen] Kontrakt, ohne Sorge der Seele gibt es keinen Auftrag für Seelsorge.«[43]

So geschehen in meinem Beispiel von dem älteren Herrn, der mit seinem Sterben im Reinen war.

Das heißt aber natürlich nicht, dass die angehenden Seelsorgerinnen an dieser Stelle fluchtartig das Bewohnerzimmer verlassen müssen. Auch ein freundliches, wohltuendes Gespräch, ein inspirierender Austausch und selbst Smalltalk haben im Alltag der Seelsorgenden ihren Platz und eine ganz eigene Würde und Berechtigung.

Nun sind die Kursteilnehmerinnen in unseren Augen gut gerüstet, um sich in den folgenden Wochen auf den spannenden, abenteuerlichen und bereichernden Weg ins Praktikum zu machen. Dabei werden sie (hoffentlich) vieles von dem wieder vergessen, was sie im ersten Kursteil gehört und erlernt haben, aber auch (hoffentlich) viel von dem wiedererkennen, was sie bis hierher in der Gruppe erfahren und erlebt haben. Das Entscheidende wird sein, ob es ihnen gelingt, mit Respekt, Offenheit, Selbstverantwortung und radikaler nichtwissender Neugier in ihre Besuche und Gespräche zu gehen, oder kurz: mit der seelsorglichen Haltung: Ich habe Interesse an dir!

43 Ebd. Seite 413.

Das seelsorgliche Gespräch im Zeitraffer

Vorstellung und Besprechung des seelsorglichen Gesprächs anhand des Schemas

- Innere Haltung: Ich interessiere mich für dich.
- Sache – Gefühl – Beziehungen – Sinn
- Methodik der seelsorglichen Gesprächsführung
- Was ist ein Kontrakt?

Gesprächsbeginn im Rollenspiel

- Evtl. Teilnehmerinnen in Kleingruppen aufteilen
- Rollen vergeben: Besuchte und Seelsorgerin
- Gesprächsbeginn üben
- Feedback aus der Kleingruppe und von der Kursleitung

Besprechung im Plenum

II. Die praktische Ausbildung Vertiefung und weiterführende Methodik der Seelsorge

6. Praxis und Praktikum

Nachdem unsere Kursmitglieder durch intensive Wissenseinheiten mit dem nötigen grundlegenden Rüstzeug für die Seelsorge versorgt wurden, sind sie jetzt bereit für erste Gehversuche in der seelsorglichen Praxis.

Dieser Zeitpunkt im Kursgeschehen geht gleichermaßen mit Hoffnungen und Vorfreude wie mit Befürchtungen und Unsicherheiten einher. Unsere Kursteilnehmerinnen erleben ein Wechselbad der Gefühle und sehen sich mit verunsichernden Gedanken konfrontiert: Du liebe Güte, will ich wirklich im echten Leben auf die Menschheit losgelassen werden? Kann ich da nichts kaputtmachen? Werde ich Freude oder Zurückweisung auslösen? Werde ich mit dem zurechtkommen, was mir in der Seelsorge begegnet?

Egal, wie viel Respekt jede einzelne Kursteilnehmerin vor dem Tätigwerden in der Seelsorge empfindet, der Schritt in die Praxis muss jetzt gewagt werden. Zum Schwimmenlernen muss man auch als Erstes ins Wasser springen. Das Wasser muss dazu nicht gleich tief sein und man darf sich dabei auch von Hilfsmitteln unterstützen lassen.

Bei der ersten Anwendung der seelsorglichen Grundkenntnisse darf man auch ganz ohne Erwartungsdruck starten. Wenn es hilft, die ärgsten Befürchtungen abzulegen, darf man sich gern immer wieder klarmachen, dass an ein seelsorgliches Gespräch grundsätzlich keine Bedingungen und Erwartungen geknüpft werden sollten

– auch nicht an die kommunikativen Fähigkeiten der Seelsorgerin! Insofern dürfen auch die Seelsorgepraktikantinnen »im flachen Wasser« zu üben beginnen. Und Hilfsmittel gibt es auch für sie.

Das erste Hilfsmittel ist die gemeinsame Besprechung von Verbatims, anonymisiert notierten Gedächtnisprotokollen von seelsorglichen Gesprächen.

Ein solches Gedächtnisprotokoll kann das tatsächlich geführte Gespräch nicht exakt und wortwörtlich wiedergeben. Unser Gedächtnis arbeitet selektiv. Allerdings ist es nicht unerheblich, woran wir uns erinnern. Oft bleiben gerade die schwierigen und unverständlichen Dinge in unserem Gedächtnis haften. In der Protokollbesprechung mit Hilfe der Gruppe arbeitet die Fallgeberin an ihren Erinnerungen an das Gespräch – ergo an sich selbst. Protokollarbeit dient demnach der Verdeutlichung des eigenen Gesprächsverhaltens:

- Wo fällt es mir leicht, wo schwer, mich einzulassen?
- Kann ich verstehen, was zwischen mir als Seelsorgerin und meinem Gegenüber abgelaufen ist?
- Wie habe ich agiert? Was hat mich motiviert? Welche Ziele habe ich verfolgt? Was hat mein Gegenüber gebraucht?

Die frischgebackenen Praktikantinnen haben oft große Bedenken, ob sie tatsächlich ein Verbatim zustande bringen können. Sie befürchten, dass ihr Gedächtnis sie im Stich lässt und sie die Zusammenhänge nicht mehr richtig erinnern. Dabei sollten sie aber bedenken, dass die Aufgabe nicht heißt, die historische Wahrheit aufzuschreiben. Es handelt sich auch nicht um das Transkript eines Interviews, bei dem man exakt die Wirklichkeit abbilden muss. Stattdessen soll ein Gespräch notiert werden, das der Seelsorgepraktikantin aus irgendeinem Grund besonders im Gedächtnis geblieben ist (weil es besonders gut oder schlecht gelaufen ist oder weil eine erinnerungswürdige Situation oder Formulierung entstanden ist). Alles, was die Praktikantin in diesem Zusammenhang als wichtig empfindet, wird seinen Weg in das Verbatim finden. Und genau darum geht es ja in der Verbatim-Besprechung: Die Gruppe beschäftigt sich mit signifikanten Situationen und Reaktionen und jede einzelne Teilnehmerin schärft dabei ihre Gesprächsführungskompetenz.

Mein persönlicher Tipp für zögerliche Praktikantinnen: Manche Gespräche haften länger im Gedächtnis als andere. Beginnen Sie damit, sich möglichst genau in die Situation zu versetzen, die Ihnen als Seelsorgegespräch immer wieder einfällt. Setzen Sie sich hin und beschreiben Sie die Situation. Ihr Gedächtnis wird Ihnen ganz von selber alles präsentieren, was für Sie in diesem Gespräch wichtig war. Lassen Sie es fließen und schreiben Sie mit. Es ist leichter, als Sie denken!

Dazu ist vielleicht noch zu sagen, dass das Verbatim auch in der Ausbildung der professionellen Seelsorgerinnen nicht beliebt ist. Sie nennen dieselben Gründe für ihre Abneigung wie ihre ehrenamtlichen Kolleginnen. Es hat sich aber sowohl in der Ausbildung ehren- wie hauptamtlicher Seelsorgerinnen immer wieder gezeigt, dass Alternativen wie Fallbesprechungen oder Rollenspiele nicht die gleiche Präzision in der Analyse der Gespräche zulassen. Vor allem aber geht der wichtige Akt der Verschriftlichung verloren, der nicht nur dazu dient, das Gespräch aufzuzeichnen, sondern schon ein erster Schritt der Selbstreflexion ist.

Ich sehe die Stärke der Verbatim-Besprechungen auch darin, dass Gesprächsmuster, häufig wiederkehrende Formulierungen, versteckte Botschaften und Deutungen, kurz das Sprachspiel einer Unterhaltung, im ausgedruckten Text schnell und deutlich herausgearbeitet werden können. Auch das Vor- und Zurück-»Spulen« und Wiederholen im Text oder an einer Textstelle ist problemlos möglich.

Ich vermute also, dass die allgemeine Unbeliebtheit des Verbatims hauptsächlich in der Mühe zu suchen ist, die die Erstellung eines guten Gesprächsprotokolls zugegebenermaßen kostet. Ist aber das Verbatim erst einmal geschrieben und besprochen, wissen die meisten Seelsorgerinnen den Ertrag der harten Arbeit doch sehr zu schätzen.

Bevor die Teilnehmerinnen in ihr Praktikum entlassen werden, erklärt die Kursleitung, wie so ein Gesprächsprotokoll angefertigt werden sollte.

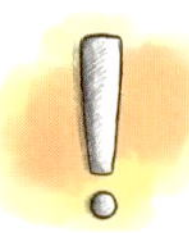

Erstellen eines Verbatims

Hinweise zum Erstellen

- Für die Länge gibt es keine Norm. In der Regel sollte ein Protokoll aber nicht mehr als zwei DIN-A4-Seiten umfassen. Das Protokoll gibt meistens nur einen Teil des Gesprächs wieder. Lücken oder Zusammenfassungen können in Klammern angegeben werden.
- Für den Lerneffekt nützlich sind vor allem Protokolle von Gesprächen, die man als »schwierig« erlebt hat.
- Lassen Sie Ihr Protokoll nie offen herumliegen. Achten Sie auf Datenschutz an ihrem Arbeitsplatz und am PC.
- Schreiben Sie das Gespräch wortwörtlich (in direkter Rede) – soweit in Erinnerung – auf; bezeichnen Sie die Gesprächsbeiträge folgendermaßen: S = Seelsorger*in,
B = Bewohner*in; nummerieren Sie die jeweiligen Äußerungen (S1, B1, S2, B2 ...).
- Berichten Sie auch über auffällige Körpersprache oder stimmlichen Ausdruck des Patienten (*kursiv*). Bei längeren Gesprächen kann ein Teil des Gesprächs inhaltlich kurz zusammengefasst werden.

Wahrung des Seelsorgegeheimnisses

- Jedes Seelsorgegespräch steht unter dem Seelsorgegeheimnis. Eine Aufzeichnung birgt die Gefahr einer Verletzung des Seelsorgegeheimnisses.
- Die Protokoll- und Fallbesprechungen unterliegen, wie das Gespräch selbst, der absoluten Verschwiegenheit.
- Namen von Orten und Personen werden nie ausgeschrieben, sondern mit einem beliebigen Buchstaben abgekürzt.

Zwei Arten von Mitteilungen sollten nicht wiedergegeben werden

- Geständnisse, die so intim sind, dass sie nicht einmal in einer Fallbesprechungsgruppe erwähnt werden sollten
- Persönliche Mitteilungen, bei denen die betroffene Person leicht zu entschlüsseln ist

Inhalt eines Verbatims

Das Verbatim besteht aus drei Teilen:

I. Informationen, Kontext und Vorabwissen

- Name des Protokollanten, Datum der Anfertigung, Protokollnummer
- Fakten: Was ist der Anlass für dieses Gespräch? Welche Personen waren beteiligt? Was wussten Sie über Ihre Gesprächspartner vor dem Gespräch? (keine Informationen, die Sie erst im Gespräch bekamen) Wo fand das Gespräch statt? Dauer des Gesprächs, ungefährer Zeitpunkt.
- Vermutungen: Welche Vermutungen und Erwartungen hatten Sie in Bezug auf das Gespräch?
- Hatten Sie ein Ziel?
- Situation: Was war Ihr erster gefühlsmäßiger Eindruck? Welche Beobachtungen machten Sie in Bezug auf Umgebung, Körperausdruck, Bewegungen usw. Ihrer Gesprächspartnerin?

II. Gedächtnisprotokoll (Beispiel)

S1: Grüß Gott, ich heiße ... und möchte Sie gern besuchen (*tritt etwas nervös von einem Bein aufs andere, weil erster Besuch überhaupt*).

B1: (*erfreut*) Das ist aber nett, nehmen Sie doch Platz.

S2: (*geht näher ans Bett, sieht einen dicken Verband um das linke Bein, bleibt stehen*) Darf ich fragen, was mit Ihrem Bein ist?

B2: Ja mei ... (*P. erzählt ohne Punkt und Komma die ganze Krankheitsgeschichte*) und jetzt lieg' ich halt hier ...

S3: (*etwas ratlos*): Mhm ... (*Pause*) ...

Usw.

III. Auswertung

- Beschreiben Sie, wie Sie sich selbst im Gespräch und unmittelbar nach dem Gespräch erlebt haben.
- Wo sind offene Fragen für Sie?
- Welche Lernziele ergeben sich für Sie aus diesem Verbatim?
- Gefühle: Was war Ihr gefühlsmäßiger Eindruck nach dem Gespräch? Wie, glauben Sie, haben Sie Ihren Gesprächspartner zurückgelassen?
- Gesprächsverlauf: Gibt es im vorgelegten Protokoll einen Abschnitt, der Sie besonders beschäftigt (im Blick auf Gesprächspartner, im Blick auf Sie)?
- Anliegen: Woran möchten Sie mit der Gruppe arbeiten? Was möchten Sie wissen? Was möchten Sie klären? Formulieren Sie Ihr Anliegen in einem Satz.

Nachdem wir im Kurs erklärt haben, wie ein Verbatim zustande kommt, verweisen wir kurz darauf, wie im weiteren Kursverlauf damit verfahren wird:

Jede Kursteilnehmerin wird in diesem Kurs ein Verbatim verfassen. Die dazu benötigten Gespräche werden sich im Zuge des Praktikums ergeben, das jetzt beginnt und zu dem wir später am Abend weitere Instruktionen erteilen werden.

Bei jedem weiteren Kurstreffen – unabhängig davon, wie der jeweilige Kurs genau gegliedert ist und welche Inhalte noch vermittelt werden – wird mindestens ein Verbatim in der Gruppe besprochen. Es hat sich als sinnvoll erwiesen, bereits jetzt, im Anschluss an diese Erklärungen, alle Verbatim-Termine im Voraus zu vergeben. Das sorgt dafür, dass niemand die heimliche Hoffnung hegt, dieser Aufgabe unauffällig zu entgehen. Und es gibt Klarheit darüber, auf welchen Kursabend oder -tag man sich für sein eigenes Verbatim einstellen muss.

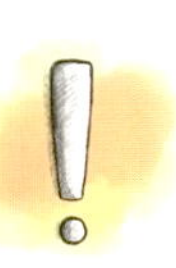

Ablauf einer Verbatim-Besprechung

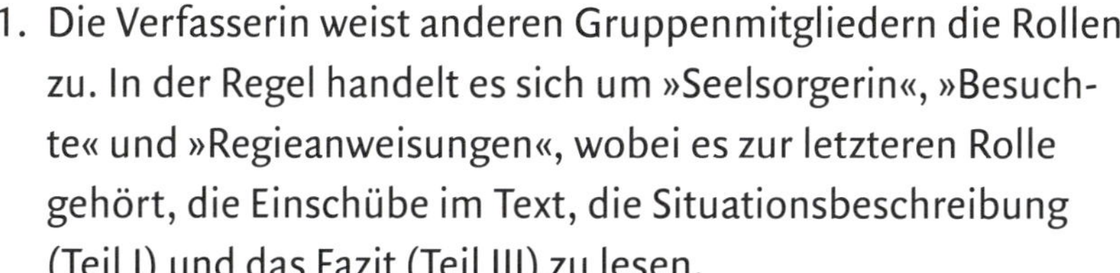

1. Die Verfasserin weist anderen Gruppenmitgliedern die Rollen zu. In der Regel handelt es sich um »Seelsorgerin«, »Besuchte« und »Regieanweisungen«, wobei es zur letzteren Rolle gehört, die Einschübe im Text, die Situationsbeschreibung (Teil I) und das Fazit (Teil III) zu lesen.

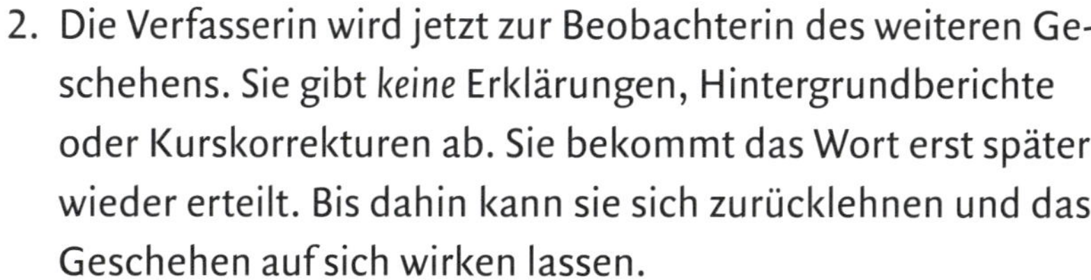

2. Die Verfasserin wird jetzt zur Beobachterin des weiteren Geschehens. Sie gibt *keine* Erklärungen, Hintergrundberichte oder Kurskorrekturen ab. Sie bekommt das Wort erst später wieder erteilt. Bis dahin kann sie sich zurücklehnen und das Geschehen auf sich wirken lassen.
3. Die Kursmitglieder, die mit einer Aufgabe betraut wurden, lesen das Verbatim in verteilten Rollen vor. Der restliche Kurs und die Kursleitung hören zu.
4. Nun befragt die Kursleitung nacheinander alle Vorleserinnen, wie sie sich in der Rolle gefühlt haben. Es wird dabei nicht nach Erklärungsversuchen, Deutungen und Theorien gefragt, sondern danach, welche Gefühle, Emotionen und Empfindungen bei den einzelnen Rollen aufgetreten sind. Jede Vorleserin berichtet dabei aus der Perspektive ihrer Rolle. Im Falle der »Regieanweisungen« darf danach gefragt werden, welche emotionalen Eindrücke das Gespräch als Ganzes hinterlassen hat.
5. Jetzt werden die Vorleserinnen aus ihren Rollen entlassen. Dabei kann es hilfreich sein, kurz aufzustehen, die Rolle »abzuschütteln« und ein paarmal tief durchzuatmen.
6. Die Verfasserin bleibt in der Beobachterposition, während alle Kursteilnehmerinnen – mit Augenmaß betreut durch die Kursleitung – sich zu dem gehörten Gespräch äußern und in die Diskussion gehen dürfen. Welche Stelle fand ich besonders interessant? Wo fühlt es sich unklar an? Worauf reagiere ich besonders? Was könnte dahinterstecken? Welche Emotionen und emotionalen Zustände scheinen mir besonders stark zu sein? Wie ordne ich das vor dem Hintergrund meiner bisherigen Kenntnisse ein?
7. Jetzt bekommt die Verfasserin des Verbatims das Wort erteilt.

Sie darf sich zu den Diskussionsbeiträgen äußern und rückmelden, ob sie sich von den anderen Kursteilnehmerinnen zutreffend gesehen fühlt.

8. Zum Schluss benennt jedes Kursmitglied (und gern auch die Kursleitung), was er oder sie für sich ganz persönlich und für seine Seelsorge aus diesem Verbatim gelernt hat und mitnimmt. Die Verfasserin hat das letzte Wort.

Wie bereits erwähnt, unterliegt jedes Verbatim dem Seelsorgegeheimnis! Auch wenn die Texte anonymisiert vorliegen, könnte es trotzdem passieren, dass jemand aus dem Kurs eine Vorstellung davon hat, um welchen Gesprächsteilnehmer es sich handelt. Aber egal, ob das der Fall ist oder nicht: Nichts aus diesen Besprechungen darf nach außen getragen werden! Darauf sollte man die Kursteilnehmerinnen noch einmal explizit hinweisen.

Und jetzt wird es noch einen Schritt konkreter! Die Kursleiterinnen erklären, wie die Praktikumsphase ablaufen wird, und leiten danach erste Schritte ein, damit die Teilnehmerinnen so bald wie möglich praktische Erfahrungen sammeln können.

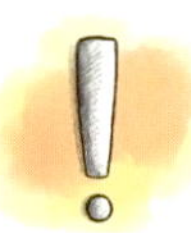

Das Praktikum

Praktikumsplätze

Damit sich für die Praktikantinnen viele Gespräche in einem übersichtlichen Rahmen ergeben, hat sich die Kooperation mit sozialen Einrichtungen vor Ort bewährt. Es kann sich dabei z. B. um Seniorenheime, Einrichtungen für Menschen mit Behinderung oder Helferkreise für Asylbewerber handeln. Wichtig ist nur, dass ein guter Kontakt der Kursleitung zur jeweiligen Einrichtung besteht, denn nur ein vertrauensvolles Miteinander ist der geeignete Rahmen für ein Seelsorgepraktikum.

Hauptamtliche Mentor*innen

In jeder der kooperierenden Einrichtungen befindet sich eine Person als Ansprechpartner. Bei der Person sollte es sich um diejenige handeln, die in der Einrichtung die Seelsorge verantwortet. Diese Person bezeichnen wir als »Mentorin«. Die Teilnehmerinnen erhalten an diesem Kursabend die Kontaktdaten der Mentorinnen. Mit diesen vereinbaren sie möglichst unverzüglich einen Kennenlerntermin. An diesem Termin werden sie von ihrer Mentorin in der Einrichtung bei allen Personen vorgestellt, die über das Praktikum informiert werden müssen. Wenn in der Einrichtung keine aufsuchende Seelsorge, also der Gang von Zimmer zu Zimmer, möglich ist, stellt die Mentorin auch den Kontakt zu den Personen her, die von den Praktikantinnen besucht werden sollen. Sie ist für alle Fragen zur Einrichtung und zum Praktikum vor Ort ansprechbar. Bei Bedarf führen die Mentorinnen auch während des Praktikums Gespräche mit den Praktikantinnen.

Ehrenamtliche Tutor*innen

Zusätzlich bekommt jede Kursteilnehmerin eine »Tutorin« zur Seite gestellt. Bei den Tutorinnen handelt es sich um Ehrenamtliche, die bereits eine Seelsorgeausbildung absolviert haben und in der Seelsorge aktiv sind. Im Verlauf des dreimonatigen Praktikums sollen mit dieser Tutorin mindestens zwei »Tutorengespräche« geführt werden. Die Kursteilnehmerinnen erhalten an diesem Kursabend auch die Kontaktdaten ihrer Tutorinnen und erklären sich damit einverstanden, dass ihre Kontaktdaten auch an die Tutorinnen weitergegeben werden. Es ist dann Aufgabe der Tutorin, so bald wie möglich einen ersten Gesprächstermin mit der Praktikantin zu vereinbaren und während dieses vereinbarten Gespräches gleich den nächsten Termin festzulegen. Diese Kontakte stellen eine Art kollegiale Beratung dar.
Es hat sich bewährt, die Teilnehmerinnen auf mindestens zwei Gespräche zu verpflichten, weil sie sich sonst oft gehemmt fühlen, diesen »Service« in Anspruch zu nehmen. Dabei ergeben sich immer hilfreiche Perspektiven in solchen Gesprächen, auch wenn es kein eigentliches »Problem« zu besprechen gibt. Nur sollten es tatsächlich »echte« Gespräche mit einer gewissen Qualität sein; solche können telefonisch oder persönlich stattfinden, aber nicht über E-Mail, SMS oder Messengerdienst.

Leitung des Praktikums durch die Kursleitung
Neben den Mentorinnen und den Tutorinnen steht natürlich auch die Kursleitung außerhalb der Kurseinheiten für Fragen rund ums Praktikum zur Verfügung, und zwar für alle Beteiligten.

Besuche und Gespräche
Bis zum Kursabschluss vereinbaren die Kursteilnehmerinnen selbständig ein- bis zweimal pro Woche Termine mit den Menschen, die sie für ihr seelsorgliches Praktikum besuchen. Sie führen diese Besuche durch, erstellen über einen davon ein Verbatim und beenden die Seelsorgebeziehung zum Kursende hin. Auch dieser Abschied und das Kommunizieren des Abschiedes sind ein wichtiger Bestandteil der Ausbildung.

Der Schwerpunkt der Gespräche zwischen Praktikantin und Mentorin, vor allem aber zwischen Praktikantin und Tutorin, liegt immer auf den Erfahrungen, die die Praktikantinnen bei ihren Besuchen machen und ins Gespräch mitbringen.

Das ist nicht immer einfach. Erzählen doch haupt- sowie ehrenamtliche Seelsorgerinnen auch nur allzu gern von ihren eigenen Erfahrungen. Dagegen ist grundsätzlich auch nichts einzuwenden, solange die Erfahrungen der Praktikantinnen im Mittelpunkt stehen und die Gesprächsthemen vorgeben.

Die Erfahrungen der Praktikantinnen werden vor allem in den Gesprächen mit den Mentorinnen auch immer wieder im Blick auf menschliche Grund- und Glaubenserfahrungen hin reflektiert, die ihnen dabei begegnen. Ebenso wird gemeinsam die geistliche Dimension bzw. die theologische Deutung bedacht.

So ergeben sich während des Praktikums und dessen Begleitung verschiedene Phasen:

- Im ersten Gespräch der Begleitung kann ergänzend zur theoretischen Ausbildung noch einmal ein besonderer Fokus auf den Anfang und das Ende des Seelsorgegespräches gelegt werden.
- Das zweite Gespräch kann sich eher exemplarisch bestimmten gelungenen oder als schwierig empfundenen Gesprächsabschnitten widmen.
- Der Ausklang der Begleitung kann dann in einem dritten Gespräch bestehen: der gemeinsamen Würdigung des Praktikums und dessen Auswertung.

Die Idee hinter dem Einsatz von Tutorinnen ist zum einen, den Praktikantinnen, die dabei sind, ehrenamtliche Seelsorgerinnen zu werden, nicht nur hauptamtliche »Roll Models« an die Seite zu stellen, sondern ganz bewusst auch ehrenamtliche. Unter den Ehrenamtlichen ist Kommunikation auf Augenhöhe oft einfacher möglich, und es können Themen angesprochen werden, die sie sich vielleicht im Kurs oder gegenüber den Mentorinnen nicht anzusprechen trauen würden.

Zum anderen verfolgen wir mit dem Tutorinnenprogramm noch einen anderen Zweck. Irma Biechele hat das einmal schön ins Wort gebracht: »Seelsorge lehren heißt Seelsorge lernen.« Durch den Kontakt mit den Praktikantinnen und deren Fragen bekommen die ehrenamtlichen Seelsorgerinnen immer wieder Gelegenheit, ihr eigenes Handeln, ihre Haltung und ihr Seelsorgeverständnis zu reflektieren und ins Wort zu bringen. Weil sie ihrerseits von ihren »Schützlingen« Feedback über ihre Begleitung einfordern und bekommen können, sind diese Seelsorge- und Beratungsgespräche auch für die Tutorinnen eine Art Fortbildung und eine Chance, das eigene seelsorgliche Können zu verfeinern.

Uns ist bewusst, dass unser Wunschbild eines Netzwerkes aus Kursleitung, Mentorinnen und Tutorinnen den optimalen Fall darstellt und vor Ort nicht immer zu 100 Prozent umgesetzt werden kann. Sei es, weil noch gar nicht genügend fertig ausgebildete Seelsorgerinnen zur

Verfügung stehen, sei es, dass irgendwelche Strukturen gerade zum gewünschten Zeitpunkt nicht damit in Einklang zu bringen sind. Das ist nicht schlimm! Wichtig ist einzig, dass ein Netzwerk an betreuenden und begleitenden Personen zur Verfügung steht und dass eine entsprechende Anbindung an die kooperierenden sozialen Einrichtungen besteht.

Knüpfen Sie das Netz möglichst tragfähig mit den Personen, die Sie haben. Das erfordert eventuell etwas Kreativität, damit die Seelsorgerinnen in Ausbildung möglichst viele Perspektiven von den Aktiven geboten bekommen. Aber es lohnt sich!

Die Kursleitung ist im Gesamten für ein förderliches Lernklima des Praktikums verantwortlich. Die Besuche der Praktikantinnen, aber auch die Gespräche mit den Mentorinnen und Tutorinnen sollen von Achtsamkeit geprägt sein, die im Blick behält, dass jeder Mensch als Gottes Geschöpf in seiner Einmaligkeit eine besondere Würde hat.

Davon ist auch die Kultur der Kritik geprägt, die ein besonderes Augenmerk auf die Gaben der Menschen legt und gemeinsam nach Wachstumspotenzialen und nach Wegen für deren Weiterentwicklung sucht.

Aufgrund biografischer Erfahrungen sind es viele der Praktikantinnen gewohnt, sehr kritisch auf sich zu schauen und sich selbst eher zu verurteilen anstatt sich zu würdigen. Als Jesus nach dem höchsten Gebot gefragt wird, stellt er die Liebe zu Gott und den Satz »Liebe deinen Nächsten wie dich selbst« in einen Zusammenhang der Gleichwertigkeit (vgl. Mt 22,37–39). Dieses Gebot soll den gemeinsamen Lernweg aller Beteiligten durch das Praktikum leiten.[44]

44 Vgl. die Hinweise zum begleiteten Praktikum für Praktikant/-innen und Mentoren/-rinnen im Rahmen der Ausbildung für Ehrenamtliche in der Krankenhausseelsorge München.

Themen- und Fragenkatalog für Mentorinnen und Tutorinnen zur Begleitung während des Praktikums

Beim ersten Gespräch

Die Praktikantin wird darin begleitet:

- Eine angemessene Weise der Vorstellung und Begrüßung zu finden und sich darüber klarzuwerden, was dies für ihre Rolle als Seelsorgerin bedeutet.
- Es wird miteinander die »Tür-Schwellensituation« bedacht und an der Gesprächseröffnung gearbeitet: Wie wird Beziehung gestiftet?
- Es wird darauf geachtet, ob das Gespräch offen beginnt und was zu dieser Offenheit beitragen kann und mit der Haltung zu tun hat, in der die Seelsorgerin kommt.
- Besteht auch ein Freiraum für Gefühle?
- Wie kommt die Verständigung (der Kontrakt) zustande?
- Die Praktikantin soll auch ermutigt werden, auf die Gesamtatmosphäre zu achten (nicht nur Stimmung und Offenheit, sondern auch »Einrichtung«).
- Verortung im Raum
- Gestaltung eines adäquaten Besuchs/ Gesprächsrahmens
- Wie gestaltet sich das Ende des Gespräches?
- Wie wird es erkannt?
- Wie wird es herbeigeführt? (Zusammenfassung, Wünsche, Vereinbarungen)
- Gibt es so etwas wie ein Schlussritual (Gebet, Segen ...)?
- Kann das Gespräch fortgeführt werden oder nicht? Wir versuchen, dies zu verstehen.

Beim zweiten Gespräch

Die Praktikantin kann hierbei lernen, den Fokus der Aufmerksamkeit auf neue Schwerpunkte zu legen:

- Wer hat wie viele Redeanteile? Kommt die Patientin genügend zu Wort?
- Wie haben sich Distanz und Nähe im Gespräch angefühlt? Wo waren sich beide besonders nah, wo war die größte Distanz?
- Wie war der Umgang mit Störungen?

- Gab es Interventionen (Stellung nehmen, Konfrontieren, Bestärken, Würdigen, Assoziieren …)?
- Wie war der Umgang mit den Gefühlen auf beiden Seiten?
- Was fällt auf sprachlicher und nicht-sprachlicher Ebene auf?
- Was fällt bei der Sprache besonders auf? Gibt es bestimmte Bilder, Symbole, Schlüsselbegriffe?
- Wie kommt die spirituelle Dimension vor und wie wird sie aufgegriffen?

Beim dritten Gespräch

Folgende Leitfragen können der Praktikantin bei der Auswertung des Praktikums behilflich sein. Ebenso können die Mentorin und die Tutorin diese Fragen im Blick auf die Praktikantin aus ihrer Sicht beantworten. So ergibt sich eine gemeinsame Gesprächsgrundlage.

- Was habe ich über mein Seelsorgerin-Sein gelernt?
- Was hat mir Freude gemacht?
- Was habe ich als schwierig erlebt, wie habe ich mich dabei erfahren und was habe ich über meine Möglichkeiten des Umgangs mit schwierigen Situationen gelernt?
- Wie hat sich mein Weg zu und mit den Menschen verändert?
- Wie habe ich mich auf dem Weg durch das Praktikum verändert?
- Wie hat das Praktikum meinen Glauben beeinflusst? Auf welche Glaubensfragen bin ich gestoßen und was kann das für mich und andere bedeuten?
- Wo habe ich besondere Gaben an mir entdeckt und was ist mir besonders gut gelungen?
- Welche Wachstumspotenziale habe ich an mir wahrgenommen und wie will ich mit ihnen fortan umgehen? Was muss ich weiterentwickeln und wie werde ich das angehen?
- Konnte ich das Feedback nutzen, das ich bekam?

Wir versuchen, den Kursteilnehmerinnen klarzumachen, dass sie jederzeit auf ein Sicherheitsnetz zur Betreuung und Beratung zurückgreifen können. Dieses Sicherheitsnetz ist gewoben aus den

Bestandteilen Mentorinnen, Tutorinnen und Kursleitung. Sollte eine Situation entstehen, in der es akuten Redebedarf gibt, dann stehen alle diese Menschen mit einem offenen Ohr zur Verfügung.

Die Zuordnung der Praktikumsplätze mit Mentorinnen und der Tutorinnen findet, wenn möglich, am ersten Kursabend der Praktikumsphase mit allen Beteiligten statt. Dazu sind neben der Kursgruppe und der Leitung auch die Mentorinnen und Tutorinnen zur Kurseinheit eingeladen.

Die Mentorinnen stellen sich selbst und ihre Einrichtung vor; die Tutorinnen stellen sich ebenfalls vor und sagen auch einen Satz dazu, wie sie gerade in der Seelsorge eingesetzt werden und wie es ihnen damit geht.

Nichts gegen hauptamtlich Seelsorgende, aber wir machen immer wieder die Erfahrung, dass vor allem die begeisterte und offene Art, in der die ehrenamtlich Seelsorgenden über ihre Einsätze erzählen, wie sie von den Menschen, die sie besuchen, und von ihrem Seelsorgeverständnis sprechen, sehr motivierend auf die Kursteilnehmerinnen wirkt.

Nach der Vorstellung gehen die Kursteilnehmerinnen, Mentorinnen und Tutorinnen in ein offenes Gespräch (Mauschelrunde). Sie sollen sich in Kleingruppen oder im Zweiergespräch miteinander unterhalten und dabei mehrmals die Gesprächspartnerinnen wechseln.

Sollte jemand in der Kursleitung auch nur eine Spur von Veranlagung zum Animateur haben – jetzt wäre der richtige Zeitpunkt, diese Fähigkeiten einzusetzen! Bringen Sie die Leute zusammen (und notfalls auch wieder auseinander und in einem anderen Mischungsverhältnis wieder zusammen)! Naturgemäß wird sich erst einmal Zurückhaltung breitmachen. Die Kursmitglieder haben gemeinsam schon so viel gelernt und gemacht und jetzt kommen da ganz Fremde, zu denen man schnell einen guten Kontakt aufbauen soll. Aber schließlich wollen die Leute in Ihrem Kurs in der Seelsorge tätig werden, da müssen sie dann ständig offen für neue Kontakte sein und sich auch einmal auf unbekanntes Terrain vorwagen. Also, los geht's!

Ich persönlich bin gerade deshalb ein großer Freund dieses offenen Prozesses und vertraue stark darauf, dass sich daraus gute Konstellationen aus Praktikantin, Mentorin und Tutorin ergeben. Natürlich zwingen wir die Kursteilnehmerinnen dadurch auch, offen zu kommunizieren, Feedback zu geben und anzunehmen, für ihre eigenen Bedürfnisse einzutreten, sich zu einer Beziehung (du bist mir sympathisch; dich finde ich interessant; mit dir möchte ich gerne zusammenarbeiten) zu »bekennen«, selbständig zu entscheiden, mit wem sie weiterarbeiten möchten, Verteilungskonflikte zu klären und am Ende zwei Kontrakte (mit der Mentorin und mit der Tutorin) zu schließen. Keine leichte Aufgabe, aber nach allem, was sie bis hierher gelernt haben, machbar.

Da der Prozess der Zusammenstellung von Praktikantin, Mentorin und Tutorin nicht nur organisatorischer Natur ist, sondern wie beschrieben auch der Ausbildung und Erprobung dient, wird die offene Gesprächsrunde mit einer kurzen Reflexion im Plenum beendet:

- Wie habe ich den Prozess erlebt?
- Wie bewerte ich das Ergebnis?

Manchmal ergeben sich in dieser Reflexionsrunde auch Themen, manchmal sogar Konflikte mit Klärungsbedarf. Diese werden im Anschluss an die Reflexion im Plenum besprochen. Gegebenenfalls wird danach eine weitere Reflexionsrunde angeschlossen.

Sind alle Beteiligten mit den verhandelten Ergebnissen zufrieden, werden die Ergebnisse schriftlich auf »Praktikumszetteln« an der Pinnwand fixiert. Auf jedem Praktikumszettel stehen der Name der Einrichtung und der Name der Mentorin. Darunter befindet sich pro verfügbarem Praktikumsplatz in dieser Einrichtung eine Zeile mit Platz für den Namen der Praktikantin und ihrer Tutorin.

Beispiel für einen Praktikumszettel

Einrichtung: Regens Wagner Erlkam

Mentor*in: Sabine Lutje

Praktikanten*innen:	Tutoren*innen:
1. ________________	________________
2. ________________	________________

Bei aller Offenheit des Prozesses – ein paar kleine Einschränkungen gilt es bei der Vergabe der Praktikumsplätze zu beachten: Die Einrichtung, in der jemand sein Praktikum absolviert, sollte keinesfalls identisch sein mit dem Arbeitsplatz oder dem Ort des bisherigen ehrenamtlichen Engagements der Praktikantin! Es ist einfach viel zu schwierig, dann seine Rollen klar voneinander zu trennen – sowohl für sich selbst als auch für die Menschen in dieser Einrichtung. Wie soll man denn erklären, dass man heute nicht die Altenpflegerin, sondern die Seelsorgerin ist, und dass man nicht gedenkt, Pflegeaufgaben zu übernehmen, die nichts mit der Seelsorge zu tun haben? Oder wie soll man nicht in die »Besuchsdienst-Falle« tappen, wenn man eigentlich ein seelsorgliches Gespräch führen will, aber die Besuchte wie jeden Donnerstag auf Kaffee, Kuchen und einen Spaziergang wartet?

Außerdem muss der Praktikumsort mit vertretbarem Aufwand ein- bis zweimal pro Woche von der Praktikantin erreichbar sein.

Am Ende des ersten Kursabends müssen alle Praktikumszettel ausgefüllt, die Kontaktdaten ausgetauscht und die ersten Termine zur Vorstellung und Einführung in den Einrichtungen und für ein erstes Gespräch mit der Tutorin vereinbart sein. Wenn sich jetzt kein vorfreudiges Kribbeln ausbreitet, wann dann?

Praxis und Praktikum im Zeitraffer

Arbeit mit dem Verbatim

- Was ist ein Verbatim?
- Wie erstellt man ein Verbatim?
- Wie wird mit dem Verbatim im Kurs und danach verfahren?

Organisatorisches zum Praktikum

- Vorstellung des Ablaufs: 1 bis 2 Besuche pro Woche in den nächsten 3 Monaten
- Betreuung durch Mentorinnen, Tutorinnen und die Kursleitung
- Vorstellung der kooperierenden sozialen Einrichtungen und der dazugehörigen Mentorinnen
- Vorstellung der Tutorinnen
- Verteilung der Praktikumsplätze

Offenes Gruppengespräch

- Kontaktaufnahme zu den Mentorinnen und Tutorinnen mit Vereinbarung erster Termine
- Kontrakt zwischen Praktikantin, Mentorin und Tutorin sicherstellen

Reflexionsrunde

- Wie ist es den Teilnehmenden im Prozess gegangen?
- Wie geht es ihnen mit der Einrichtung, Mentorin, Tutorin?

Visualisierung der Ergebnisse

- Einrichtung
- Praktikant*in
- Mentor*in
- Tutor*in

7. Traumasensible Seelsorge

Begleitend zur Praktikumsphase ist es sinnvoll, das Thema Traumatisierung anzusprechen.

Immer wieder kommt es in seelsorglichen Gesprächen dazu, dass die Besuchten Ereignisse aus ihrem Leben ansprechen, die belastend waren und die sie lieber vergessen würden oder lange Zeit vergessen haben. Solche Vorkommnisse haben aber die Tendenz, keine Ruhe zu geben und immer wieder in der Erinnerung aufzutauchen. Was mache ich als Seelsorgerin in dieser Situation? Gehe ich auf das offenbar wichtige Thema ein und riskiere eine psychische Belastung oder sogar Überforderung meines Klienten? Oder frage ich lieber gar nicht nach und verpasse damit die Chance, vom oberflächlichen Plaudern in ein tiefergehendes Gespräch zu wechseln?

Noch häufiger kommt es vor, dass der sprichwörtliche »rosa Elefant« im Raum steht – also ein Thema oder ein Gefühlszustand, der beinah mit der Hand zu greifen ist, aber nicht benannt werden kann. Wenn die Seelsorgerin so ein Thema im Gespräch erspüren kann, die besuchte Person aber nichts Konkretes dazu erzählt, dann kann das auf den traumatischen Charakter eines Erlebnisses hinweisen. Denn Traumata beruhen auf nicht fertig verarbeiteten, hochemotional empfundenen Erlebnissen, die man in einer Art erstarrter Endlosschleife mit sich herumträgt und die man mit einer großen Dringlichkeit versucht, nicht an sich herankommen zu lassen.

Die Person, die unter einem Trauma leidet, ist nicht in Kontakt mit dem auslösenden Ereignis; d. h. ihre Psyche versucht so konsequent, sich nicht mit dem Vorfall zu beschäftigen, dass die Person nicht bewusst damit umgehen kann. Deshalb ergeben sich Reaktionen auf ein Trauma oft unkontrolliert und unreflektiert. Die Reaktion auf das Trauma »übernimmt« dann die Handlungsfähigkeit der betroffenen Person.

Darin liegen auch die Befürchtungen unserer Seelsorgepraktikantinnen begründet, wenn sie auf traumabelastete Situationen in den Erzählungen ihrer Klientinnen stoßen. Die Praktikantinnen sind dann unsicher, ob sie mit interessiertem Nachfragen den Besuchten nicht mehr Schaden zufügen als Nutzen bringen. Um diese Unsicherheit abzumildern, ist es hilfreich, wenn die Seelsorgepraktikantinnen ein Grundwissen darüber erwerben, wie ein Trauma entsteht und wie sie potenziell traumatisierende Erlebnisse sowie eventuelle Auswirkungen eines Traumas erkennen können.

Wichtig ist dabei vor allem die Erkenntnis, dass Seelsorge keine Therapie ist! Das bedeutet auch, dass wir im seelsorglichen Gespräch keine Lösung für emotionale Probleme finden müssen. Wir müssen also auch nicht versuchen, das Trauma aufzulösen. Wir müssen nur eine Gesprächstechnik anwenden, die der besuchten Person hilft, sich selbst aus der Trauma-Endlosschleife herauszuarbeiten. Aber dazu später mehr.

Die konkrete Frage der Teilnehmerinnen lautet oft: »Kann ich da was kaputtmachen?« Ich antworte darauf gern etwas salopp, dass sie sich ruhig darauf verlassen können, dass Verdrängungsmechanismen, die über 20, 30, 40 sogar 50 und mehr Jahre hervorragend funktioniert haben, nicht durch eine interessierte Nachfrage »kaputtgemacht« werden können. Die Menschen haben ihr Trauma überlebt und mit der Depression zu leben gelernt, da werden sie sehr sicher auch 45 Minuten Seelsorge überleben.

Mit dieser in ihrer Schärfe nicht ganz ernst gemeinten »Ansage« hoffe ich natürlich auch auf das auflockernde Lachen der Kursteilnehmerinnen. Aber auch inhaltlich bin ich davon überzeugt, dass derNutzen des Gesehenwerdens bei psychisch gesunden Gesprächspartnerinnen die Belastung und Aufregung der Konfrontation mit dem traumatisierenden Ereignis aufwiegt.

Aber was ist jetzt eigentlich ein Trauma? In der Literatur taucht immer wieder ein Satz auf, der das grundsätzlich ganz gut zusammenfasst:

»Trauma bedeutet abgeschnitten sein von der Lebendigkeit.«

Das beschreibt sehr zutreffend, dass traumatisierte Menschen lieber nicht in Kontakt mit ihren Gefühlen stehen, als den Schmerz des traumatisierenden Erlebnisses aushalten zu müssen. Diese Art der »Selbstbetäubung« bringt aber oft den Verlust der Lebendigkeit, der Lebensfreude und der Empfindungsfähigkeit auch in anderen Lebensbereichen mit sich. Dabei gibt es keine bewusste Entscheidung, »ins Trauma zu gehen«. Es widerfährt einem einfach.

Wie geschieht eine Traumatisierung? Es gibt eine bestimmte Art von Erlebnissen, die potenziell traumatisierend wirken. Potenziell traumatisierend heißt: Nicht jede Person, die in eine solche Lage gerät, wird von ihr auch traumatisiert. Auch ist ein und dieselbe Person in verschiedenen Phasen ihres Lebens unterschiedlich belastbar und traumatisierbar. Aber es gibt eben bestimmte Situationen, bei denen die Wahrscheinlichkeit, ein Trauma davonzutragen, erhöht ist.

Trauma

Medizinisch-wissenschaftliche Definition

Traumatisch sind Ereignisse, die objektiv mit außergewöhnlicher Bedrohung oder katastrophenartigem Ausmaß einhergehen sowie subjektiv bei fast jedem eine tiefe Verzweiflung hervorrufen würden bzw. mit starker Angst, Hilflosigkeit oder Grauen erlebt wurden.[45]

Die Person war einem traumatischen Ereignis ausgesetzt, wenn die folgenden beiden Punkte zutreffen:

1. Die Person erlebte, beobachtete oder war mit einem oder

45 Vgl. Medizinisches Klassifikationssystem ICD-10.

mehreren Ereignissen konfrontiert, die tatsächlichen oder drohenden Tod oder ernsthafte Verletzung oder eine Gefahr für die körperliche Unversehrtheit der eigenen Person oder anderer beinhalten.

2. Die Reaktion der Person umfasste intensive Furcht, Hilflosigkeit oder Entsetzen.

Mögliche Ursachen von Traumata

- Offensichtliche Ursachen wie Krieg, schwerer Unfall, schwerer Missbrauch, Vernachlässigung, Verrat, Gewalterfahrung, schwere Verletzung oder Krankheit
- Zunächst nicht offensichtliche mögliche Ursachen wie kleinere Unfälle mit Schleudertrauma; intensive Behandlungsmaßnahmen, bei denen man vielleicht festgehalten oder narkotisiert wurde oder die man als übergriffig empfindet; Stürze; Naturkatastrophen wie Erdbeben (aber auch leichtere Ereignisse wie Stürme); anhaltende Ruhigstellung, z. B. Schienen bei Skoliose

Aber: nicht jedes potenziell traumatisierende Ereignis löst in jedem Fall ein Trauma aus. »Das Trauma steckt nicht in einem bestimmten Ereignis, sondern im Nervensystem der betroffenen Person« (Definition nach Somatic Experiencing).

Natürlich gibt es neurophysiologische Ursachen für die Entstehung eines Traumas. Wir brauchen – wie alle Lebewesen mit Nervensystem – eine Art »Grundprogramm«, das unser Überleben sichern hilft. Dieses Programm funktioniert automatisch und ohne dass wir es bewusst aktivieren müssen. Beispielsweise sind in unserem Stammhirn Erinnerungen und Reaktionsmöglichkeiten abgespeichert, die eine unwillkürliche Reaktion auf bestimmte Situationen ermöglichen. Deshalb löst z. B. das Betrachten eines Bildes einer Zitrone Speichelfluss aus.

Um in kritischen Situationen ohne lange Reflexion reagieren zu können, hat unser Körper das vegetative Nervensystem. Es besteht aus dem sympathischen Nervensystem (stellt Energie zur Verfügung, ermöglicht Kampf oder Flucht) und dem parasympathischen Nervensystem (beruhigt und regeneriert, hilft, sich neu zu organisieren und Körperprozesse wieder zu normalisieren). Diese beiden Teile des autonomen bzw. vegetativen Nervensystems unterstützen sich innerhalb einer normalen Bandbreite gegenseitig, indem sie zu einer abwechselnden Aufladung und Entladung führen. Es findet eine ständige Regulierung statt. Ein traumatisches Ereignis kann diese Regulierung unterbrechen; unser Nervensystem bleibt dann in einer dauerhaften Übererregung stehen. Wir reagieren dann entweder mit Hyperaktivität, Panik und manischem Hochgefühl oder mit Depression, Abspaltung und Abgestumpftheit.

Ab einem bestimmten Stresspegel sind traumatische Reaktionen nicht mehr unserer bewussten Kontrolle zugänglich, d. h. in der Bearbeitung des Traumas muss ein Bezug zur Selbstregulierung des Nervensystems hergestellt werden. Dazu gibt es spezielle Methoden. Erfolgt jedoch keine nervliche Entladung, kann das zu einem posttraumatischen Stresssyndrom führen.

Nur zur Erinnerung: Seelsorge ist keine Therapie! Die gezielte Aufarbeitung und Therapie eines Traumas gehört in die Hände von psychotherapeutisch geschulten Fachleuten! Für uns Seelsorgende ist es nur wichtig, die Hintergründe der Traumaentstehung und Traumatherapie gehört zu haben. So können wir bei der Schilderung einer Lebensgeschichte leichter erkennen, welche Ereignisse eventuell traumatisierend gewirkt haben könnten. Entsprechend behutsam können wir uns dann der Thematik annehmen oder sogar die Notwendigkeit erkennen, eine psychotherapeutische Aufarbeitung zu empfehlen.

Und ein zweiter Gedanke, der aus meiner Sicht nicht nur für den Umgang mit traumatisierten, sondern für alle Menschen mit psychischen Belastungen oder Erkrankungen gilt: Kein Mensch besteht nur aus einem Trauma, einer Depression oder einer Neurose, sondern immer auch aus gesunden Persönlichkeitsanteilen.

Um ein Bild aus der Optik zu benutzen: (Psycho-)Therapie stellt den Fokus auf die Verbesserung und Heilung der (psychischen) Erkrankung. Seelsorge arbeitet mit dem Weitwinkelobjektiv und interessiert sich für den ganzen Menschen. Trotzdem braucht es ein Grundwissen, um – wie beschrieben – behutsam mit psychisch erkrankten Menschen umzugehen und eine traumasensible Seelsorge anzubieten.

Im Kurs stellen Teilnehmerinnen an dieser Stelle immer wieder die Frage, wie sie Traumata oder andere psychische Erkrankungen erkennen und von »gesunden« seelischen Regungen unterscheiden können. Dazu habe ich in meiner Altenpflegeausbildung im Fach Psychologie eine Faustregel gelernt, die mir seither gute Dienste geleistet hat. Es handelt sich sicher nicht um eine wissenschaftliche Definition, sondern um ein praktisches Werkzeug: Solange Handlungen, körperliche und seelische Zustände und Emotionen mit dem gesunden Menschenverstand nachzuvollziehen sind, befinden sich die Seelsorgerin und die Besuchte im grünen Bereich. Das meint nicht, dass ich alle Reaktionen auch so oder so ähnlich erleben würde. Es heißt nur, dass unsere Empathie reicht, um nachvollziehen zu können, dass ein Mensch in der jeweiligen Situation so reagieren, handeln oder fühlen kann. Darunter fällt auch vieles, das uns selbst fremd ist, aber eben doch nachvollziehbar.

Wenn wir unser Gegenüber auch mit viel Phantasie und gutem Willen überhaupt nicht mehr verstehen können, dann sollten wir zumindest aufmerksam werden und eine psychische Erkrankung in Betracht ziehen und gegebenenfalls mit der Betreffenden über therapeutische Hilfen ins Gespräch kommen.

Das Stellen einer medizinischen (Verdachts-)Diagnose ist in keinem Fall Sache der Seelsorge, auch wenn eine gute pastoralpsychologische Bildung manchmal durchaus dazu verleitet. Selbst dann sollte sie eine Arbeitshypothese oder Phantasie der Seelsorgerin bleiben und nicht dem Gegenüber mitgeteilt werden.

Sollten wir den Eindruck gewinnen, dass die von uns besuchte Person tatsächlich unter einem massiven Psychotrauma leidet, dürfen wir ihr empfehlen, Kontakt zu einer auf Psychotraumatologie spezialisierten Praxis aufzunehmen. Es gibt viele erfolgversprechende Ansätze zur Behandlung von Traumafolgestörungen. Dazu gehören z. B. narrative Verfahren, Gesprächstherapie, Psychoanalyse, Verhaltenstherapie, Kunst- und Musiktherapie, Somatic Experiencing (SE) ... Die Methoden können auch kombiniert werden, die Aufzählung ist nicht vollständig.

Achtung: Kathartisches Wiedererleben, bei dem sich die Patienten der traumatisierenden Situation aussetzen, um sie zu überwinden, gilt als völlig überholt! Es kommt in der Regel nicht zu einer Entlastung, sondern zu einer Retraumatisierung! Daher sind auch viele Bildberichte zu Katastrophen und Verbrechen aus traumatherapeutischer Sicht problematisch. Und ein Verharren in der Schilderung des traumatisierenden Erlebnisses ist deshalb ebenfalls nicht erstrebenswert.

Wir werden nur in den seltensten Fällen auf ein Trauma stoßen, das so heftig ist, dass eine Behandlung dringend geraten ist. Aber wir sollten erkennen können, wo wir vielleicht auf traumatische Erlebnisse treffen. Normalerweise sind die problematischen, »rauen«, auffälligen Stellen in den Berichten unserer Klientinnen ja die Punkte, an denen wir im Gespräch einhaken, damit die besuchte Person sich mit einer für sie wichtigen Thematik beschäftigen kann. Wir halten dabei eventuell hochkommende Gefühle mit aus und trauen uns, mit hinzusehen. Wenn wir jedoch auf ein Trauma gestoßen sind, ist es erlaubt, dort nicht weiter nachzubohren, sondern das Gespräch auf die Ressourcen der Person zu lenken, damit sie mit dem Trauma besser zurechtkommt.

Mögliche Anzeichen einer traumatischen Reaktion

Symptome, die gleich oder später auftreten können: Übererregung, Bewegungsunfähigkeit, Reizempfindlichkeit, Schreckhaftigkeit, Albträume, Stimmungswechsel, Schlafstörungen

Symptome, die auch erst nach Jahren auftreten können: Panikattacken, Phobien, Vermeidungsverhalten, Gefahren aktiv aufsuchen, Suchtverhalten, sexuelle Störungen, Gedächtnisverlust, Bindungsängste, Verlust unterstützender Glaubenshaltung (spirituell, religiös, zwischenmenschlich)

Symptome, die im Allgemeinen erst später erscheinen: übermäßige Scheu, verminderte emotionale Reaktionen, chronische Müdigkeit, Probleme mit dem Immunsystem, psychosomatische Erkrankungen, hormonelle Probleme, Fibromyalgien, Asthma, Hautprobleme, Hyperaktivität, Depression

Daraus ergibt sich für uns eine Konsequenz für die Gesprächsführung: Wenn wir vermuten, auf ein Trauma gestoßen zu sein, führen wir ein sogenanntes deaktivierendes Gespräch.

Unsere Gesprächshaltung sollte dabei offen und dem Gesprächspartner zugewandt sein. Wenn wir auf ein traumatisierendes Ereignis stoßen, tauchen wir nicht tief in die Geschichte ein (um eine Retraumatisierung zu vermeiden), sondern versuchen eine Entladung zu erreichen, indem wir den Gesprächspartner an seine Ressourcen heranzuführen versuchen. Eine Ressource kann alles sein, was innere Sicherheit, Integrität und Wohlbefinden hervorruft. Es gibt innere Ressourcen (Fähigkeiten, Emotionen) und äußere (Natur, Freunde). Wir lassen eine »Pendelbewegung« zwischen der Trauma-Vortex (Strudel des negativen Ereignisses) und der Ressourcen-Vortex (positiver Strudel) entstehen. Am Knotenpunkt der Pendelbewegung geschieht die Entladung/Deaktivierung der Übererregung im Nervensystem. Wir pendeln »titriert«, d. h. tröpfchenweise, und führen so eine Integration herbei.

Das bedeutet im Klartext: Die Klientin schildert ein traumatisierendes Ereignis; wir bemerken an ihr Zeichen des erhöhten Stresses und der Unfähigkeit, sich aus der Schilderung der Situation zu lösen; wir fragen, wie sie das denn überstanden hat (damit führen wir sie zu einer Ressource, denn entweder hat sie tolle Fähigkeiten an sich gefunden, die hilfreich waren, oder sie hat Menschen gefunden, die sie unterstützt haben – sonst säße sie jetzt nicht hier); die Klientin wird sich mit den positiven Aspekten befassen, die ihr geholfen haben, die Situation zu überwinden; dann wird sie sich genug erholt haben, um sich gedanklich wieder mit dem Trauma zu beschäftigen; falls wir das Gefühl haben, dass sie wieder in der »Trauma-Vortex« festhängt, werden wir sie wieder nach Ressourcen fragen. So pendelt das Gespräch zwischen der belastenden Situation und der Erinnerung an hilfreiche Umstände hin und her und macht die Thematik »aushaltbar«. Auch so öffnen wir wieder einen Raum für die besuchte Person, in dem sie ihre Erlebnisse für sich selber sortieren kann.

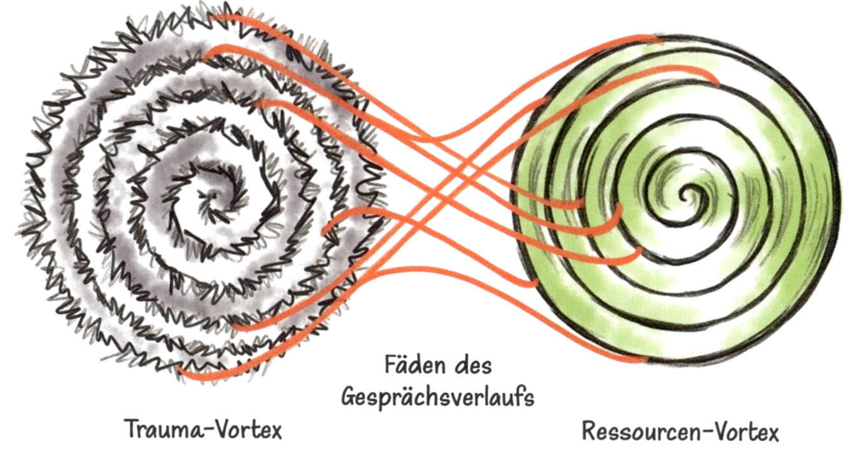

Abb. 10: Vortex[46]

46 Das Modell einer Trauma-Vortex geht zurück auf Peter A. Levine, einen amerikanischen Psychotraumatologen. Er hat eine Form der Körperarbeit entwickelt, mit der sich Traumata ohne die Gefahr einer Retraumatisierung lösen lassen. Diese Art der Körperarbeit heißt *Somatic Experiencing*. Das Konzept der Trauma-Vortex lässt sich aber auch auf Gesprächstechniken anwenden. Vgl. Peter A. Levine: »Waking the Tiger. Healing Trauma«, North Atlantic Books 1997.

Wichtig ist, dass wir uns selbst beobachten. Werden wir z. B. müde oder schweifen dauernd geistig ab, dann ist die Wahrscheinlichkeit groß, dass wir den Erstarrungszustand des Gesprächspartners spiegeln. Um die Pendelbewegung zu steuern, brauchen wir eine feste, klare Stimme. Wir erfragen z. B. solche Ressourcen: Was hat gutgetan? Was hat geholfen? Gab es Menschen, die geholfen haben? Wann/wie war der Moment, als Ihnen klar war, dass es vorbei war? An belastenden Stellen ist immer eine Unterbrechung oder ein Ausstieg möglich, indem man Wahrnehmungs- oder Zählübungen anleitet. Das führt die besuchte Person zurück in die Realität, indem sie sie im Hier und Jetzt verortet. Allerdings sollte der Klientin auch erklärt werden, was man da tut. Beispielsweise könnte man sagen: »Ich habe den Eindruck, dass uns das Thema gerade beide ganz schön mitnimmt. Da wüsste ich eine ganz einfache Übung, damit wir von der ganzen Aufregung runterkommen. Sollen wir das mal zusammen probieren?« Dann kann man z. B. gemeinsam in Dreierschritten von 70 rückwärts zählen. Das bündelt die Konzentration in der gegenwärtigen Situation und führt bisweilen zu gemeinsamem Lachen.

Um die Klientin dabei zu unterstützen, eine konstruktive Perspektive zu finden, kann man sie auch bitten, sich in ihrer Phantasie einen Ort vorzustellen, an dem sie sich sicher, aufgehoben und optimistisch fühlt. Wie müsste dieser sichere Ort genau beschaffen sein? Wie würde er aussehen, riechen, schmecken, sich anfühlen? Gäbe es etwas zu hören? Wären andere Menschen dort? Oder Tiere? Pflanzen? Bäche, Berge, das Meer?

Das Gespräch durchläuft auch dann, wenn nur ein (nicht unbedingt traumatisierendes) Thema behandelt wird, verschiedene Phasen. Die folgende Beschreibung dieser Phasen heißt »Sandwichmodell« (bei »kritisch« kann man die Ressourcen einbringen):

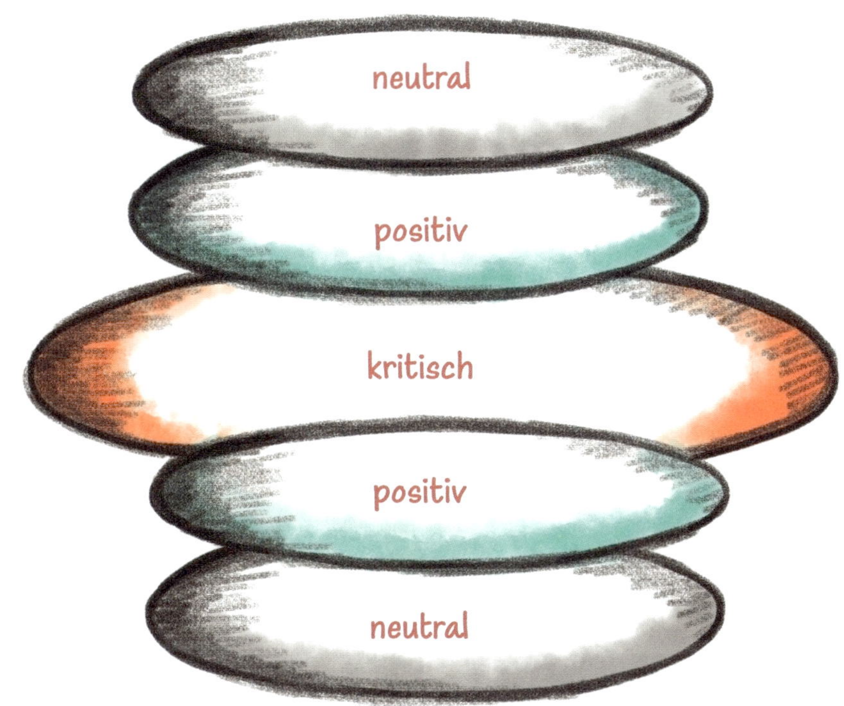

Abb. 11: Sandwichmodell von Gesprächsverläufen

Dieser Gesprächsmechanismus bedeutet, dass wir versuchen, für uns selber verschiedene Perspektiven auf einen Sachverhalt zu entdecken. Vereinfacht könnte das z. B. lauten:

neutral: Im Haus meiner Freundin gibt es eine Sauna.

positiv: Oh, wie gemütlich! Ich stelle mir entspannte Saunaabende vor.

kritisch: Aber was das für ein Aufwand ist, so eine Sauna immer schön sauber zu halten!

positiv: Mich zwingt aber niemand, selber eine Sauna zu haben. Meine Freundin lädt mich ein.

neutral: Meine Freundin hat eine Sauna und ich brauche keine zu haben.

Wenn unsere besuchte Person im seelsorglichen Gespräch an kritische Betrachtungen einer Situation gerät, dann halten wir das mit ihr aus und geben ihr Gelegenheit, sich eigene Gedanken zu machen und selber wieder positive Aspekte zu finden. Haben wir jedoch den Eindruck, sie kann sich von der kritischen Phase gar nicht lösen und diese Verhaftung setzt ihr zu, dann können wir sie auch hier mit einer Frage nach den Ressourcen dabei unterstützen, ihren Gedankengang weiterzuspinnen.

Traumasensible Seelsorge im Zeitraffer

Theoretisches Wissen und Handlungshilfen für die Praxis

- Begriffsklärung: Was ist ein psychisches Trauma?
- Entstehung von Traumata aus neurophysiologischer Sicht
- Mögliche Ursachen und Auslöser
- Mögliche Anzeichen
- Abgrenzung Therapie und Seelsorge
- Umgang mit traumatisierten Klienten
- Das deaktivierende Gespräch
- Sandwichmodell bei Gesprächsverläufen

8. Seelsorgliche Interventionen

Eines der wichtigsten Werkzeuge der Seelsorge ist sicher das sogenannte Spiegeln. Es stammt aus den bereits erwähnten nondirektiven Gesprächsansätzen. Damit gemeint ist nichts anderes, als dem Gegenüber mitzuteilen, was ich meine verstanden zu haben. Bei allen Bemühungen kann das immer nur ein Bruchteil dessen sein, was mir mitgeteilt worden ist. Dennoch ist das, was der andere von meinem Verstehen erfährt, der Anhaltspunkt für ihn, sich (neu) zu orientieren.

Trotzdem ist Seelsorge mehr als nur das undifferenzierte Mitgehen der Seelsorgerin. Gerade weil sich Seelsorge in ihrer Vielfältigkeit von einer therapeutischen Situation unterscheidet, muss die Seelsorgerin das Gespräch (im besten Sinne des Wortes) führen. Sie muss das Gespräch strukturieren und Orientierung geben. Dies geschieht durch Interventionen.

Interventionen sind bewusste Eingriffe ins Gesprächsgeschehen. Auch unbewusst ergreifen wir immer wieder Maßnahmen, um auf Gesagtes zu reagieren und das Gespräch auf andere Themen zu bringen, zu vertiefen, zu pausieren oder zu beenden. Das machen wir ganz intuitiv, es gehört zu unserem »natürlichen« Gesprächsfluss. Der bewusste, nach Möglichkeit absichtliche Gebrauch solcher Maßnahmen wird »Intervention« genannt. Ich sage »nach Möglichkeit absichtlich«, weil wir manchmal automatisch nach einer bestimmten Maßnahme greifen, ohne groß darüber nachzudenken. Wenn uns an dieser Stelle aber wenigstens bewusst wird, was wir da gerade unternommen haben, dann handelt es sich immer noch um eine Intervention im Sinne der Gesprächsführung. Wir können mit dieser Bewusstheit z. B. reflektieren, warum wir das Gespräch zum Stillstand oder zur Eskalation gebracht haben. Ist auch sehr hilfreich!

Theorie und Praxis der Psychotherapie unterscheiden zwischen analytischen, auf Einsicht zielenden, »aufdeckenden« Interventionen einerseits und stützenden, »zudeckenden« Interventionen andererseits.

Auf- und zudeckende Interventionen

Interventionen sollen im Verlauf des Gesprächs stabilisieren, fundieren, aufbauen, motivieren oder leiten. So können Fragen – vor allem, wenn sie direkt gestellt werden – zum Aufdecken helfen, es aber ebensogut verhindern.

Aufdeckende (vorwärtsführende) Interventionen

- genau nachfragen
- konfrontieren
- zum Assoziieren ermutigen
- Deutungen anbieten
- auf Konsequenzen hinweisen
- schweigen

Zudeckende (stützende) Interventionen

- Verständnis äußern
- die Beziehung verlässlich aufrechterhalten
- trösten
- die Initiative in Richtung nächster Schritt ergreifen
- religiöse Hilfen anbieten

Im Kurs werden Moderationskarten mit verschiedenen Interventionen in die Mitte des Plenums gelegt. Dann führt die Kursleitung die Begriffe *aufdeckende Interventionen* und *zudeckende Interventionen* ein und legt sie, ebenfalls auf Moderationskarten, dazu. Im offenen Gruppengespräch sollen die Kursteilnehmerinnen die unterschiedlichen Interventionen besprechen und einer der beiden Interventionsarten zuordnen. Die Kursleitung unterstützt dabei. Anschließend wird im Plenum die Frage aufgeworfen und diskutiert, wann Interventionen im Gesprächsverlauf angebracht sind.

Beliebte Streitpunkte bei der Zuordnung in die Kategorien »aufdeckend/zudeckend« ergeben sich oft bei folgenden Interventionen: Deutungen anbieten, Schweigen, Verständnis äußern, Initiative in Richtung nächster Schritt ergreifen.

Bei Schwierigkeiten bei der Zuordnung ist es hilfreich, sich noch einmal bewusst vor Augen zu führen, was »aufdeckend« bzw. »zudeckend« für den Gesprächsverlauf bedeutet:

»Aufdeckend« bedeutet, dass durch diese bewusst eingesetzte Intervention das Gespräch inhaltlich-thematisch vorangetrieben wird. Die besuchte Person wird also angeregt, noch etwas tiefer einzusteigen und weitere Überlegungen anzustellen. Biete ich als Seelsorgerin eine eigene Deutung als Vorschlag an, dann provoziere ich damit bei der Klientin Zustimmung oder Widerspruch, in jedem Fall aber ein Nachdenken und Am-Thema-Dranbleiben. Mit Schweigen gebe ich der Klientin den Raum, die Gedanken zu sortieren, bevor sie sich äußert, und übe eventuell auch einen leichten Druck auf sie aus, die Stille mit ihrer eigenen Theorie zu füllen. Ein einvernehmliches Schweigen, wenn alles gesagt ist, ist dagegen keine Intervention, sondern entsteht einfach.

»Zudeckend« bedeutet: Ich schaffe einen Raum zum Verweilen, Pausieren und eventuell Beenden des Gesprächs oder zumindest des gerade behandelten Themas. Legt mir eine Person ihre Perspektive dar und ich äußere lediglich Verständnis, dann entfällt jede Notwendigkeit der Diskussion oder Erklärung. Das Thema wird »zugedeckt« und nicht weiterverfolgt. Dasselbe passiert beim gemeinsamen Planen nächster Schritte. Auch wenn ich Termine und Organisatorisches bespreche, wird das angeschnittene Thema inhaltlich nicht weiterverfolgt, sondern höchstens auf später verschoben.

Beide Arten der Intervention haben ihre jeweils ganz eigenen Qualitäten und sind je nach Situation die jeweiligen Mittel, um das Gespräch zu gestalten. Wie gesagt – wir sollten einfach wissen, was wir da gerade tun.

Wenn das seelsorgliche Gespräch an einen bestimmten Punkt gekommen ist, ist es also durchaus angebracht, die Haltung des verstehenden Zuhörens aufzugeben und die Initiative zu ergreifen, um mit dem Gegenüber an dessen Erzählung zu arbeiten. Dazu gehört zunächst, die Situation des anderen zu erfassen, evtl. zu benennen und in verschiedener Weise weiterzuführen.

Schließlich stellt die Kursleitung weiterführende Interventionen vor, bespricht diese mit der Kursgruppe und bietet dazu passende Übungen an.

Nach der Quintessenz fragen

Gerade wenn eine Erzählung zu einem gewissen Ende gekommen ist, wird sie häufig mit einer Art »Quintessenz« abgeschlossen. Das kann mehrmals im Gespräch der Fall sein. Dieses Resümee oder (Zwischen-)Fazit kommt von der Gesprächspartnerin. Die Seelsorgerin kann aber, als eine mögliche Intervention, danach fragen.

In biografischen Gesprächen kann die Quintessenz so etwas wie eine vorläufige oder endgültige Lebenssumme in einem Satz sein. Oft stehen solche Quintessenzen in der Spannung zwischen negativen und positiven Erlebnissen, zwischen der bedrohlichen und der bewahrenden Seite des Lebens. Diese Spannung ist von der Seelsorgerin in keinem Fall aufzuheben, sondern anzuerkennen und auszuhalten.

An dieser Stelle muss ich immer an eine Szene aus einer meiner liebsten Fernsehserien, »Friends«, denken, die absolut nichts mit Seelsorge oder Biografiearbeit zu tun hat und doch eine Quintessenz über das Leben enthält, die genau in dieser beschriebenen Spannung steht und sie, wie ich finde, schön verdeutlicht: »Welcome to the real life. It sucks. You gonna love it.«

Generell unterliegen Quintessenzen nicht der Kritik oder der seelsorglichen Bearbeitung. Die angemessene Weise, mit Quintessenzen umzugehen, ist, sie zu würdigen. Damit würdigt die Seelsorgerin nicht nur die ausgesprochene Summe des Lebens, sondern das Leben des Menschen selbst.

In der dazugehörigen Übung sammeln die Teilnehmerinnen ihre eigenen Lebensquintessenzen und stellen diese der Gruppe vor. Nun versuchen sich die Gruppenteilnehmerinnen daran, für diese Quintessenzen passende Würdigungen zu formulieren.

Ganz anders steht es mit den sogenannten Banalsätzen (»Da muss man durch.« »So ist das Leben.«). Sie werden häufig als Gesprächshemmer empfunden. Deshalb ist es wichtig, sie in ihrer Funktion zu verstehen (sie sind immer richtig, wenn eben auch banal; sie halten das Gespräch auf einer unpersönlichen Ebene und geben Schutz vor zu viel Nähe und Brisanz). Auch solche Banalsätze erfordern letztlich eine Stellungnahme (»Mir wäre eine solche Sicht zu wenig.« »Ich sehe das so: ...«).

Struktur geben

Die Seelsorgerin kann auf unterschiedliche Weise dem Gespräch Struktur geben. Sie kann ein bestimmtes Thema noch einmal aufgreifen, das im Verlauf liegengeblieben ist, bei dem ihre Aufmerksamkeit oder ihr Interesse aber hängengeblieben ist. Sie kann auch einen bestimmten Punkt noch einmal unterstreichen oder besonders betonen, wenn sie das Gefühl hat, dabei handelt es sich um den Kern oder vielleicht den »roten Faden« des Gesprächs. Strukturieren bedeutet, dass die Seelsorgerin versucht, für sich selbst eine gewisse Ordnung in die gehörten Themen zu bringen. Die Gesprächspartnerin kann sich daran orientieren, aber natürlich auch widersprechen. In jedem Fall wird die Gesprächspartnerin damit beginnen, nach einer eigenen Struktur zu suchen.

Konfrontieren

Diese Form der Intervention wird von vielen Seelsorgenden als durchaus heikel wahrgenommen. Es braucht schon einiges an Erfahrung und Vertrauen in die eigene Empathiefähigkeit und das eigene Bauchgefühl, um auf diese Weise von der begleitenden, mitgehenden und stützenden Gesprächsführung ins sogenannte Gegenüber zu wechseln.

Konfrontation betont die aufdeckende, progressive, manchmal mit Schmerzen verbundene Seite der Seelsorge. Eben daraus bezieht sie aber auch ihre Kraft. Es gibt in unserem Sprachgebrauch viele Sprichwörter, die das verdeutlichen, wie »Medizin muss bitter schmecken.«

Die Konfrontation muss ehrlich sein und dient, wie gutes Feedback, nie dazu, die andere klein zu machen oder zu verletzen, sondern immer dazu, Menschen in ihrer Entwicklung weiterzubringen.

Mein großes Vorbild im Konfrontieren ist Jesus selbst. An vielen Stellen im Neuen Testament findet er klare, ja sogar äußerst harte Worte. Er macht damit den Ernst und die Dringlichkeit seiner Sache deutlich. Ich denke aber, dass er außer Verdacht steht, etwas anderes als das absolut Beste für die Menschen zu wollen, denen er so konfrontativ begegnet.

Wenn ich konfrontiere, dann zeige ich auch etwas von mir selbst und von meiner eigenen Verletzlichkeit. Ich stelle mich meinem *Gegenüber* mit meiner eigenen Wahrnehmung *gegenüber*, nicht mit Glaubenssätzen oder Konventionen. Manchmal geht es auch einfach darum, eine persönliche Grenze zu ziehen.

Ich persönlich komme in Gesprächen am ehesten an meine Grenze, wenn ich in dem, was mein Gegenüber sagt, mit Diskriminierung, Rassismus, Sexismus oder dergleichen konfrontiert werde. In eine politische oder ethische Diskussion abzudriften, ist in meinen Augen weder seelsorglich, noch würde es zu irgendetwas führen. Meine Gesprächspartnerin mit dieser Grenze zu konfrontieren, halte ich jedoch für angebracht: »In dieser Art möchte ich nicht über Menschen sprechen«, »da bin ich anderer Meinung als Sie«.

Ich finde es wichtig, in so einer Situation den »trennenden Graben« deutlich zu machen. Schon allein, um zu verhindern, dass jemand unvorbereitet hineinstürzt. Im besten Fall entsteht vielleicht sogar ein Gespräch über den Graben hinweg und wer weiß, vielleicht findet sich, tief unten, auch ein Weg zueinander und zur Veränderung. »Auch wenn ich gehe im finsteren Tal, ich fürchte kein Unheil« (Psalm 23,4).

Ein anderer Aspekt des Konfrontierens ist mir aus meiner systemischen Ausbildung in der sozialen Arbeit noch im Gedächtnis geblieben. Mein Dozent für Organisationsentwicklung, Egon Endres, pflegte zu sagen: »Maximale Irritation schafft maximale Veränderungsbereitschaft.« Ich bin mir sicher, dass eine Seelsorgerin, die ihre mitgehend-verstehende Rolle plötzlich verlässt und ihr Gegenüber konfrontiert, sehr irritierend wirkt. Vielleicht tut sich dadurch auch in der Seelsorge eine kleine Chance zur Veränderung auf. So oder so wird es die seelsorgliche Beziehung in jedem Fall verändern, hoffentlich sogar weiterbringen.

Auch beim Thema Konfrontieren als Intervention bietet die Kursleitung den Teilnehmerinnen eine Übung an.

Die Kursgruppe nennt Beispiele, was von Einzelnen unter Konfrontation verstanden wird. Oft gibt es Missverständnisse: Konfrontieren wird mit aggressivem Vorgehen oder Moralisieren verwechselt. Dabei werden nur die Dinge beim Namen genannt, die sind.

Dann trägt die Kursgruppe Gesprächssituationen zusammen, die sie zum Konfrontieren herausfordern würden. Das können auch konkrete Situationen sein, die sie bereits erlebt haben.

Anschließend wird an einzelnen Situationen gearbeitet, und zwar so, dass jede Teilnehmerin kurz aufschreibt, wie sie an dieser Stelle konfrontieren würde. Danach werden die Ergebnisse in der Gruppe unter der Fragestellung diskutiert, was daran Konfrontation ist.

Amplifizieren (verstärken)

Beim Amplifizieren oder Verstärken weicht die Seelsorgerin scheinbar von der Haltung ab, die Intensität der Gefühle beim Gegenüber einfach nur wahrzunehmen. Amplifizieren heißt, das, was ich wahrnehme, bewusst aufzugreifen und nicht nur zu spiegeln, sondern zu verstärken. Dadurch wird die Gesprächspartnerin herausgefordert, über die wirkliche Intensität ihrer Gefühle Klarheit zu gewinnen: »Sie haben recht, ich bin nicht verstimmt, ich bin wirklich wütend!«, »Nein, so schlimm ist es nun auch wieder nicht.«

Einen besonderen Platz im Seelsorgegespräch hat das Verstärken, wenn wir bei der Besuchten auf ambivalente Gefühle treffen. Gottfried Mahlke weist in seinen Kursen oft darauf hin, dass Menschen am ehesten aus ihrer Ambivalenz geführt werden können, wenn beide Gefühlsausschläge der Ambivalenz von der Seelsorgerin verstärkt werden.

Sie erinnern sich an die Pendelbewegung aus dem »Sandwichmodell« im Kapitel »Traumasensible Seelsorge«? Wir alle haben eine Tendenz, unsere eigene Position im Hin-und-her-Pendeln zu finden: Eine Dame erzählt von einer Seite ihres Ehemannes, die sie sehr stört. Seelsorgerin: »Wie rücksichtslos! Das muss Ihnen ja gewaltig auf die Nerven gehen!« Klientin: »Na ja, er hat schon auch seine guten Seiten.« Seelsorgerin: »Wenn die guten Seiten überwiegen, dann sehen Sie ihm das andere bestimmt nach?« Klientin: »So einfach mach ich ihm das aber nicht! Also so kann das einfach nicht bleiben, weil …« Und schon entwickelt sich das Thema weiter.

In einer Pause meines KSA-Aufbaukurses – Herr Mahlke hatte in der Einheit davor gerade zu diesem Thema referiert – schaute ich vom Balkon der Kursräume auf den Spielplatz eines Kindergartens. Dort schaukelten zwei Kinder und eine Traube anderer Kinder stand um die Schaukel herum. Dieses Bild ist mir seitdem als Visualisierung des Umgangs mit Ambivalenzen nicht aus dem Kopf gegangen.
Der Mensch mit ambivalenten Gefühlen sitzt sozusagen auf einer Schaukel und schwingt vom einen zum anderen Gefühl. So kommt

er aber keinen Schritt weiter. Ich als Seelsorger bin eines der Kinder, die neben der Schaukel stehen und das Kind gern von der Schaukel runterbekommen würden. Jeder Versuch zu bremsen und festzuhalten würde unweigerlich mit einem Zusammenstoß, einer fiesen Beule und Tränen enden.

Wie bekommt man jemanden von einer Schaukel runter? Ganz klar, weiter anschieben! Wenn es der Schaukelnden zu hoch, zu schnell und zu wild wird, wird sie von ganz allein beginnen, zu bremsen und schließlich die Schaukel verlassen.

Der geistlich-religiösen Dimension Raum geben

Mit Fug und Recht kann eine Gesprächspartnerin in einem Seelsorgegespräch von einer Seelsorgerin erwarten, dass die geistlich-religiöse Dimension zur Sprache kommen darf und dass sich die Seelsorgerin damit auch auskennt.

Allerdings ist dieser Bereich auch äußerst ambivalent und angstbesetzt – auf beiden Seiten! Die Besuchte denkt vielleicht: »Wird jetzt herauskommen, wie wenig ich mich um Kirche und Glauben gekümmert habe?«, »Wird es jetzt eine peinliche Situation geben?«, oder »So katholisch/ evangelisch bin ich eigentlich gar nicht.« Während die Seelsorgerin befürchtet: »Bin ich bibelfest genug?«, »Fällt mir auch eine gute Antwort ein?« oder »Bin ich theologisch fit genug?« Andererseits gilt für beide Parteien: Wenn mir die Seelsorgerin in meinen geistlich-religiösen Anliegen und Fragen nicht weiterhelfen kann, wer dann?

Was die Besuchten ganz sicher von uns Seelsorgenden erwarten können, ist der Umstand, dass wir uns selber schon mit unseren Gefühlen, unserem eigenen Kommunikationsverhalten und unserem spirituell-religiösen Standpunkt befasst haben. Mit diesem Hintergrundwissen als Rüstzeug gehen wir zu den Klienten – und befassen uns dort mit deren Überzeugungen, natürlich von unserer eigenen Perspektive aus. Von den Klienten wird zu Recht vorausgesetzt, dass wir bereit sind, auch mit spirituellen Inhalten konfrontiert zu werden.

Was hingegen nicht von uns erwartet wird, ist eine theologische Vorlesung. Sollten wir wider Erwarten bei einem seelsorglichen Besuch nach den wissenschaftlichen Hintergründen offizieller Standpunkte der katholischen Kirche befragt werden, brauchen wir keinerlei Hemmungen zu haben, diese Fragen an den nächsten uns bekannten Gemeindepriester oder anderen qualifizierten Theologen weiterzureichen. Wir geben keinen Religionsunterricht. Wir brauchen nur authentisch als wir selbst für ein eventuell spirituell geprägtes Gespräch zur Verfügung zu stehen.

Zur geistlich-religiösen Dimension eines Seelsorgegesprächs gehören allerdings auch der biblische Zuspruch, das Gebet, der Segen und alle weiteren Rituale wie Krankenkommunion bzw. -abendmahl, Krankensalbung, Beichte oder Beichtgespräch und alle gottesdienstlichen Feiern wie Verabschiedungen, Aussegnungen und Totengebete. Sie alle dienen dazu, die Situation im Hier und Jetzt zu weiten, in den weiteren Horizont der Geschichte Gottes mit seinen Menschen zu stellen.

Ich kenne einige Jahre meiner seelsorgerischen Laufbahn, in denen ich sehr zurückhaltend mit religiösen Angeboten war. Zu groß schien mir die Gefahr, etwas zuzudecken oder zu schnell und zu früh ein »frommes Pflaster« zu verabreichen. Außerdem bedeutet im katholischen Kontext Ritual bzw. Sakrament (Krankensalbung, Beichte) für mich als Laien auch oft, meine Seelsorgepartnerinnen an einen geweihten Kollegen abgeben zu müssen.

In letzter Zeit bin ich wieder mutiger geworden, vor allem religiöse Zeichen zu Handlungen, die ich selbst gestalten und vornehmen kann, anzubieten. Bekannte Gebete (gerade in der Arbeit mit demenziell veränderten Menschen), die Kommunion, der Segen, aber auch kirchliche Lieder sind für viele Menschen sehr emotional besetzt und öffnen dort die Herzen, wo das seelsorgliche Gespräch an ein Ende gelangt ist.

Wichtig ist mir, dass all das ein Angebot ist und auch als solches

– selbstbewusst und zugleich ergebnisoffen – angeboten werden muss. Niemand muss beten, nur weil eine Seelsorgerin zu Besuch ist!

Und jede einzelne Seelsorgende hat natürlich »Lieblingsanknüpfungspunkte«, die ihr besonders gut gelingen: besondere Gebete, Lieder, Meditationen, Segenssprüche ... Auch hier dürfen wir aus der Vielfalt schöpfen, und jeder von uns nutzt die Mittel, die ihm oder ihr besonders am Herzen liegen und leichtfallen.

In vielen Protokollanalysen von Seelsorgegesprächen hat sich gezeigt, dass die Seelsorgepartner in offener oder oft auch verschlüsselter Weise die Dimension des Glaubens von sich aus ansprechen. Ganz so, als müsste diese Seite der Sache irgendwie zur Sprache kommen. Allein die Tatsache, dass da jemand ist, der/die sich als Seelsorgerin vorgestellt hat, weht die geistlich-religiöse Dimension mit ins Zimmer. Oder etwas blumiger ausgedrückt: »Der Besuch der Seelsorgerin ist der Sonntag im Alltag der Menschen«.[47]

Interventionen im Zeitraffer

Vorstellung und Besprechung verschiedener Interventionen

Einführung der Begriffe »aufdeckende Interventionen« und »zudeckende Interventionen«

Clustern der Interventionen zu den beiden Interventionsarten

Vorstellung und Besprechung weiterführender Interventionen

Übungen

- Übungen zur Würdigung von Quintessenz
- Übung zum Konfrontieren

47 Diese Aussage stammt nicht von mir. Ich weiß, dass ich sie in einem Buch gelesen habe, kann mich aber beim besten Willen nicht mehr daran erinnern, in welchem (H. P.).

9. Seelsorge in Lebensübergängen und Krisen

Das Leben jedes Menschen beginnt mit einer Krise, nämlich dem Zur-Welt- Kommen. Das Neugeborene muss von der Versorgung mit Sauerstoff durch die Mutter auf die Atmung mit der eigenen Lunge umstellen, um nur eine krisenhafte Situation bei der Geburt zu benennen. Im Anschluss folgen unzählige weitere Entwicklungsaufgaben bzw. Lebensübergänge wie die Bindungsentwicklung zu den Bezugspersonen, die Nahrungsaufnahme, die Fähigkeit, die Schwerkraft zu handhaben, die Fortbewegung zu erlernen, die Kontaktaufnahme zu anderen Bezugspersonen; später kommen Pubertät, Trennungen, Krankheiten, der Tod der Eltern, der Übergang in die Rente und die körperliche, gesundheitliche und psychische Entwicklung im Alter und schließlich der eigene Tod.

Die Psychologie unterscheidet dabei zwei verschiedene Arten dieser Lebensübergänge. Es gibt sogenannte *normative* und *non-normative* Lebensereignisse. Normative Lebensereignisse treten planbar und beabsichtig auf, sie sind vorhersehbar, meist alters- und vor allem kulturabhängig. Zu ihnen gehört z. B. der Eintritt in den Kindergarten und die Schule, Pubertät und Adoleszenz, der Einstieg ins Berufsleben und die Verrentung. Diese Lebensereignisse werden auch als die klassischen Entwicklungsaufgaben bezeichnet, denen sich ein Mensch in Laufe seines Lebens zu stellen hat.

Es gibt aber auch die non-normativen Lebensereignisse wie Arbeitslosigkeit, Trennung und Scheidung, Krankheit oder Traumatisierungen unterschiedlicher Art. Diese Ereignisse sind nicht vorhersehbar und nicht kulturabhängig oder vom Alter her bestimmt.

Beide Arten von Lebensereignissen stellen im Leben eines Menschen emotionale Belastungen dar, die kurz- oder langfristige Auswirkungen haben können. Je nachdem, wie stark die Belastung des einzelnen Menschen ist und wie belastend die jeweilige Übergangszeit von den einzelnen Menschen empfunden wird, werden sie zu ganz unterschiedlichen Reaktionen führen.[48]

Die beiden Psychiater Thomas H. Holmes und Richard H. Rahe haben eine Liste krisenhafter Ereignisse erstellt. Hier ein paar Beispiele aus dieser Liste:

Familie

- Tod des Partners
- Scheidung
- Trennung vom Partner
- Eheschließung
- Schwangerschaft
- Sohn oder Tochter verlassen das Haus

Persönliches

- schwerer persönlicher Unfall oder Krankheit
- sexuelle Schwierigkeiten
- Tod eines engen Freundes/ einer Freundin
- Beginn oder Ende der formalen Schulbildung
- gravierende Veränderung in den Lebensbedingungen
- Wechsel in eine neue Schule
- Urlaub
- Weihnachten

Arbeit

- Verlust des Arbeitsplatzes
- Eintritt in den Ruhestand
- gravierende Veränderungen in den beruflichen Aufgaben
- Schwierigkeiten mit dem Chef

Finanzielles

- gravierende Veränderung in der finanziellen Situation[49]

---

48 Vgl. Margret Schlierf: Arbeitsblatt zur Berufseinführung – »Krisen und Krisenintervention«.

49 Annemarie Dührssen: Die biographische Anamnese unter tiefenpsychologischem Aspekt. Göttingen u. a. [4]1997.

Als wie belastend solche Lebensereignisse erlebt werden, hängt immer stark vom einzelnen Menschen, seiner Resilienz, aber auch von der Vorhersehbarkeit und der Kontrollierbarkeit dieser Ereignisse ab. Mit der Kontrollierbarkeit ist die *subjektive* Überzeugung eines Menschen gemeint, ob und inwieweit er eine Situation beeinflussen und in den Griff bekommen kann.[50]

Mit Resilienz ist die Widerstandskraft des Menschen gemeint, mit der er Krisen aller Art entgegentreten kann. Es gibt bestimmte grundlegende Charaktereigenschaften, die die besondere Veranlagung zu Widerständlichkeit gegen alle Fährnisse des Lebens besonders begünstigen. Es verwundert nicht, dass die widerborstigsten und damit auch standfestesten »Stehaufmännchen« nicht immer die sanftesten, unkompliziertesten Zeitgenossen sind.

Wichtig ist, dass sowohl normative wie non-normative Lebensereignisse und auch die Entwicklungsaufgaben, wenn sie nicht bewältigt werden, krisenhaft erlebt oder zu echten Lebenskrisen werden können.

Um den Kursteilnehmerinnen einen ersten Einblick ins Thema Lebensübergänge und Krisen zu ermöglichen und um ihr Vorwissen abzufragen, beginnen wir die Einheit mit der Frage, welche Lebensereignisse, -wenden und -übergänge sie kennen. Diese werden auf Moderationskarten gesammelt und in die Mitte des Plenums gelegt.

Die Antworten der Gruppenmitglieder werden besprochen und evtl. von der Kursleitung entsprechend der Liste von Holmes und Rahe ergänzt.

Als Nächstes stellen wir die Frage, welche dieser Lebensübergänge aus der Sicht der Teilnehmerinnen eine Krise darstellen. Die einzelnen Antworten werden in der Gruppe diskutiert.

50 Vgl. Margret Schlierf: Arbeitsblatt zur Berufseinführung – »Krisen und Krisenintervention«.

Mir ist wichtig, dass die Teilnehmerinnen verstehen, dass Lebensübergänge in gewissem Sinne immer krisenhaft sind. Damit meine ich, dass das Leben nach diesem Ereignis nicht mehr in gleicher Weise weitergehen kann wie zuvor. Das bedeutet auch, dass es neue Strategien, Haltungen und Werkzeuge braucht, um dieses »neue Leben« bewältigen zu können. Eine Lebenskrise wird erst dann daraus, wenn diese Strategien, Haltungen und Werkzeuge zur Lebensbewältigung für einen längeren Zeitraum nicht gefunden werden.

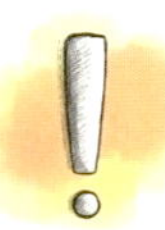

Krisen

Definition

»Eine Krise ist der Verlust des seelischen Gleichgewichts, den ein Mensch verspürt, wenn er mit Ereignissen und Lebensumständen konfrontiert wird, die er im Augenblick nicht bewältigen kann, weil sie von der Art und vom Ausmaß her seine durch frühere Erfahrungen erworbenen Fähigkeiten und erprobten Hilfsmittel zur Erreichung wichtiger Lebensziele oder zur Bewältigung seiner Lebenssituation überfordern.«[51]

Dies bedeutet, dass die betreffende Person in einer Lebenssituation steht, in der bisherige Lebenseinstellungen, Bewältigungsstrategien, Ziele nicht mehr passen. Der Betroffene erfährt in einer belastenden und schwierigen Situation die Grenzen seiner Fähigkeiten und Kräfte. Sein Leben lässt sich offenbar in der gewohnten Art und Weise nicht mehr meistern.

Das Wort »Krise« kommt von dem griechischen Wort »krisis«, dessen Verb »krino« die Bedeutung von »scheitern, trennen, sondern« hat. Das Verb »krino« wiederum leitet sich von einer Wortwurzel her, die »schneiden, zerschneiden« bedeutet.

Die Krise ist also dem ursprünglichen Wortsinn nach eine Schnittstelle, an der das bisherige Leben eines Menschen aufbricht und zu zerbrechen droht. Wie ein Schnitt etwas in zwei Hälften teilt, so zerschneidet die Krise das Leben eines Men-

51 Thomas Bronisch, Serge K. D. Sulz: Krisenintervention und Notfall in Psychotherapie und Psychiatrie. München 2009, Seite 3.

schen an einer Stelle, an der offen ist, ob dieses Leben sich zum Guten oder zum Schlechten wendet.

Die Krise ist damit ein Scheidepunkt, an dem sich die weitere Entwicklung eines Menschen entscheidet. Dies ist vergleichbar mit einer Wasserscheide, an der sich entscheidet, ob das Wasser nach der einen oder anderen Seite fließt.[52]

Unter Krisen werden bedrohliche kritische Lebenssituationen verstanden, die durch akute Belastungen entstehen. Diese können im Rahmen der bisherigen individuellen Problemlösungsstrategien nicht gelöst werden und führen daher zu einer erhöhten psychischen Labilität und somatischen Reaktionsbereitschaft bis hin zu manifesten psychopathologischen Symptomen.[53]

Phasen einer Krise

1. Phase der Abwehr und des Widerstandes:
Am Beginn einer bereits ausgebrochenen Lebenskrise werden noch einmal die bisher gewohnten Abwehrmechanismen und Widerstände aktiviert in der Hoffnung, die Krise doch noch abzuwenden.

2. Phase der Verzweiflung:
Beim Scheitern der Abwehrmaßnahmen schlägt der alle Kräfte kostende Kampf in große Verzweiflung um. Die bisher gewohnte Lebenswelt ist zerbrochen, neue Lebensziele und Inhalte sind noch nicht sichtbar. Es scheint keinen Ausweg mehr zu geben; alles ist hoffnungslos.

3. Phase des Rückzugs:
Nun beginnt der Weg nach innen im Rückzug von der äußeren Welt. Dieser Vorgang der Auseinandersetzung mit den inneren Hintergründen der Krise wird auch Regression genannt. Diese Reise ins Innere verändert den Betroffenen so weitgehend, dass dann auch eine äußere Krisenbewältigung möglich wird.

---

52 Vgl. Roland Kachler: Wege aus der Wüste. Mit Elia Krisen durchleben, Stuttgart 1993, Seite 14.

53 Vgl. Thomas Bronisch, Serge K. D. Sulz: Krisenintervention und Notfall in Psychotherapie und Psychiatrie, Seite 14.

4. Phase der Lösung und Bewältigung:
Das Auftauchen aus der eigenen Krise signalisiert ihre Bewältigung. Dem Betroffenen wird bewusst, was er in der Krise erlebt hat. Er kann sich und seine Krise samt ihren Auslösern und Hintergründen allmählich verstehen und den Veränderungsimpuls der Krise annehmen. Hier schließt sich bei einer gelingenden Krisenbewältigung eine Neuorientierung an, in der der Betroffene sein Leben neu ordnet und gestaltet.

An dieser Stelle muss gesagt werden, dass Krisen selten streng nach den beschriebenen Phasen ablaufen. Wie auch in anderen Phasen- oder Stufenmodellen sind Wiederholungen, Rückfälle und Stillstand in einer Phase sehr häufig.[54]

Klassifikation von Krisen
Krisen werden oft in »Lebensbewältigungskrisen« und »Traumatische Krisen« unterschieden. In der klinischen Klassifikation nach dem ICD-10 wird unterschieden nach:
- Akute Belastungsreaktion bei psychisch nicht manifest gestörten Menschen (F43.0)
- Posttraumatische Belastungsstörung (F43.1)
- Anpassungsstörung auf entscheidende Lebensveränderung bei größerer Bedeutung von individueller Disposition oder Vulnerabilität (F43.2)

Umgang mit Krisen
- Krise als ein Zeichen für Veränderung sehen (Reaktion auf Veränderung oder Hinweis auf Veränderung)
- Verunsicherung in dieser Zeit annehmen (Werte, Ziele, Handlungen, Einstellungen, die in Frage gestellt sind, »chaotische« Emotionen)
- Krise erst mal verstehen – nicht beseitigen (z. B. verstehen als Notwendigkeit Ruhepause, anstehende Veränderungen der Einstellung, des Lebensstils, des Verhaltens, Einleitung einer neuen Lebensphase, körperliche Krankheit)
- Verständnis für die Schwierigkeit der Krise und Ermutigung,

54 Vgl. Roland Kachler: Wege aus der Wüste, Seiten 21 f.

sich auf die Krise einzulassen (Krise als Chance – als Entwicklungsmöglichkeit)

- Vorerst noch keine Lösung anbieten, sondern versuchen, zu verstehen!
- Raum geben für die damit verbundenen Gefühle (Angst vor Veränderung, Schuldgefühle, Wut, Ärger, Trauer, Schmerz, Enttäuschung)
- Reflexion und Differenzierung dieser Gefühle
- Kritische Reflexion der Einstellungen, Vorstellungen und Handlungsimpulse (in Frage stellen)
- Möglichkeiten – Ideen sammeln – »pflanzen« (neue Ideen finden – sich von den »alten«/ bisherigen trennen – betrauern – verabschieden)
- Neuverortung der Einstellungen und des Verhaltensrepertoires
- Umgang mit dem Widerstand im System
- »Rückschläge« mit in Betracht ziehen – Entwicklungen verlaufen ganz selten geradlinig[55]

Alle Religionen der Welt haben Angebote und Konzepte entwickelt, um die Menschen bei normativen und non-normativen Lebensübergängen, aber auch in der Krise zu begleiten, sogenannte rites de passage – oder auf Deutsch: Übergangs- oder Passagenriten.

Auf Grundlage der auf Moderationskarten gesammelten Lebensereignisse suchen die Kursteilnehmerinnen im Plenum gemeinsam nach dazu passenden christlichen Übergangsriten und diskutieren, auf welche Veränderungen und Entwicklungsaufgaben diese Rituale antworten und wie gut es ihnen (heute noch) gelingt. Dabei kommt auch zur Sprache, auf welche Lebenswenden und -krisen die Kirchen keine ritualisierte Antwort haben.

55 Vgl. Margret Schlierf: Arbeitsblatt zur Berufseinführung – »Krisen und Krisenintervention«.

Folgende Beispiele können gefunden werden:

Tod des Partners	→	Verabschiedung, Aussegnung, Beerdigung, Jahrtag, Stipendium
Eheschließung	→	kirchliche Hochzeit
Geburt eines Kindes	→	Taufe
Schwere Krankheit	→	Krankensalbung, Krankenkommunion, Krankensegen
Beginn der Schulzeit	→	Segnung am Schulanfang
Ende der Schulzeit	→	Abschlussgottesdienst
Weihnachten	→	Weihnachtsgottesdienste

Schließlich wird die Frage aufgeworfen, wie eine seelsorgliche Begleitung von Lebenswenden, Entwicklungsaufgaben und Krisen aussehen kann. Dabei ist auch wichtig, inwieweit die Empfehlungen zum Umgang mit Krisen auch seelsorglich angebracht sind oder auch nicht. Nicht zuletzt stellt sich auch die Frage, wie die Übergangsriten und die Seelsorge zusammen funktionieren können. Im katholischen Kontext bedeutet das auch oft die Absprache und Zusammenarbeit von Klerikern und Laien.

Seelsorge in Lebensübergängen und Krisen im Zeitraffer

Sammlung auf Moderationskarten

- Welche Lebensereignisse, -wenden und -übergänge kennen Sie?
- Besprechung der Ergebnisse im Plenum
- Ergänzung der Ergebnisse entsprechend der Liste von Holmes und Rahe
- Was davon ist krisenhaft oder eine Krise und warum?

Theorie zum Thema Krise

- Definition von Krisen
- Phasen einer Krise
- Umgang mit Krisen

Übergangsriten

- Suche nach passenden christlichen Übergangsriten im Plenum
- Diskussion, auf welche Veränderungen und Entwicklungsaufgaben diese Rituale antworten und wie gut es ihnen (heute noch) gelingt
- Für welche Lebenswenden und -krisen haben die Kirchen keine ritualisierte Antwort?
- Wie sieht eine seelsorgliche Begleitung von Lebenswenden, Entwicklungsaufgaben und Krisen aus?
- Gespräch im Plenum

10. Umgang mit Sterben, Tod und Trauer

Der Themenkomplex »Sterben, Tod und Trauer« geht uns alle an, weil jeder von uns diese Phasen irgendwann im Leben durchlaufen muss – aktiv wie passiv. Denn jeder von uns wird selber durch einen Sterbeprozess gehen und sterben, und jeder von uns wird mit eigener Trauer (um Menschen, verlorene Zeit, unvollendete Werke ...) konfrontiert werden. Jeder wird aber auch zeit seines Lebens in seinem Umfeld das Sterben anderer Menschen erfahren und dabei mit verschiedenen Ausprägungen der Trauer umgehen müssen.

Als Seelsorgende werden wir immer wieder für Menschen da sein, die sich gerade in einer Trauersituation befinden. Um auch dann als Seelsorgerinnen »funktionsfähig« zu bleiben, ist es sinnvoll, wenn wir uns vorher unserer eigenen Position zu diesem Thema stellen. Welche Vorerfahrungen habe ich? Welche Hoffnungen knüpfen sich daran? Welche Ängste? Traue ich mich, über Sterben, Tod und Trauer zu reden? Traue ich mich, mich der Wucht meiner eigenen Emotionalität auszusetzen? Halte ich diese Wucht bei meinem Gegenüber aus?

Die Themen Sterben, Tod und Trauer tauchen immer irgendwann im Leben einer jeden Person auf, und wenn sie das tun, dann lösen sie meist ein intensives Nachdenken über das eigene Leben, Jenseitsvorstellungen und Glaubenssätze aus. Damit konfrontiert zu werden, bringt uns in Kontakt mit den grundlegenden Vorstellungen und Überzeugungen, die uns auf die eine oder andere Weise durchs Leben tragen.

Weil die Themen für uns selbst so wichtig sind und weil wir uns in der Seelsorge immer wieder und sehr häufig damit befassen müssen, sollte der Themenkomplex auch Eingang in die Seelsorgeausbildung finden. Die Kurstreffen, die parallel zur Praktikumsphase stattfinden, beschäftigen sich, wie schon erwähnt, jedes Mal mit mindestens einem Verbatim. Zusätzlich ist aber auch Platz für Theorieeinheiten zu relevanten Themen. In einer solchen Theorieeinheit sollte auf jeden Fall Raum für die Auseinandersetzung mit den Themen Sterben, Tod und Trauer sein! Der richtige Zeitpunkt wird sich ganz von selbst ergeben, denn bereits im Praktikum werden diese Themen ohne Zutun von außen zum Vorschein kommen.

Das eine Gebiet, für das wir als Seelsorgende bei Sterben und Tod eingesetzt werden können, ist natürlich die Begleitung sterbender Menschen. Eine gemeinsame Erfahrung vieler Soziologen, Psychologen und Sterbebegleiter ist die Erkenntnis, dass die meisten Menschen im Angesicht des Todes ihre Angelegenheiten gern abschließen und dabei zu einem guten Ende bringen möchten – und sei es, dass nur noch eine letzte Erklärung gefunden oder eine Erinnerung in die Betrachtung der eigenen Lebensgeschichte eingebracht werden muss. So mancher muss sich auch noch darüber klarwerden, von wem er sich gern persönlich oder wenigstens in Gedanken verabschieden will. Bei dieser wichtigen Aufgabe, die eigene Lebensgeschichte aufzuarbeiten und für sich zu ordnen, kann ein seelsorgliches Gespräch eine große Stütze sein. Wieder geht es hier darum, dem Besuchten mit dem Gespräch einen Raum zu öffnen, in dem er oder sie sich selbst spiegeln, betrachten und sortieren kann. Wir werden aber ganz sicher nicht benötigt, um vermeintliches Wissen theologischer Art zu vermitteln!

Wenn es uns gelingt, den Raum zu öffnen für alles, was der besuchten Person auf der Seele liegt und bearbeitet werden will, dann tauchen am häufigsten die Themen Reue (Schuld) und Liebe auf. Es werden möglicherweise auch Themen berührt, die bisher ignoriert wurden, jetzt aber auf jeden Fall noch zu einer Lösung finden sollen. Dabei können auch heftige Emotionen aufbrechen! Seelsorgende sollten sich darauf gefasst machen, auch solche Emotionen mit aushalten zu können, denn es wäre schade für die besuchte Person, wenn ein Thema unterdrückt würde, das jetzt so dringend ans Licht will. Trotzdem sollte man als Seelsorgerin auch die eine oder andere Technik kennen, die dabei hilft, einen guten Abschluss zu erleichtern.

Die kirchlichen Traditionen kennen eine Vielzahl solcher Rituale am Lebensende, wie (gemeinsame) Gebete, Krankensegen, Krankenkommunion, Krankensalbung, Wegzehrung (Kommunion in der Sterbestunde), Versehgang (Bußsakrament, Krankensalbung und Versehgang in Todesgefahr) und die Aussegnung Verstorbener.

In der seelsorglichen Praxis in Krankenhäusern und Alten- und Pflegeheimen haben sich nach meiner Erfahrung daneben noch weitere, neue Formen von Ritualen gebildet. Meistens werden sie unter dem Begriff **Verabschiedung** zusammengefasst.

In meinen Verabschiedungen im Altenheim feiere ich mit den Sterbenden und ihren Zugehörigen einen kurzen Gottesdienst auf dem Zimmer. Die zentralen Elemente sind Schriftlesung, Segnung und das Vaterunser. Dabei unterscheiden sich die Verabschiedung am Sterbebett und die Verabschiedung eines bereits verstorbenen Menschen nur im Inhalt, nicht in der Form. In beiden Situationen geht es mir darum, das Leben des sterbenden bzw. des verstorbenen Menschen in Gottes Hand zu legen und der Angst, Trauer und Hoffnung der Zugehörigen Raum zu geben.

Als zentrales Zeichen der Feier segne ich die Betroffenen mit Handauflegung bzw. mit einem Kreuz auf Stirn, Händen, evtl. Herz und Füßen. Dann leite ich die Zugehörigen an, ebenfalls Ihren Sterbenden/ Verstorbenen zu segnen. Daraus ergeben sich häufig sehr dichte Momente des Abschieds.

Entscheidend ist immer, welche Form dem oder der Besuchten, aber auch der Seelsorgerin entspricht. Möglich ist z. B. auch ein durch gezieltes Nachfragen gestütztes Erinnern einiger als schön oder stärkend erlebter Situationen oder ein möglichst plastisches Gedenken an geliebte Menschen, eigene Erfolge und Hoffnungen, die schon einmal Positives bewirkt haben. Die Menschen werden ruhiger, wenn sie an ihre Ressourcen denken und sich dadurch behütet und gehalten fühlen. Auch eine meditative Phantasiereise ist denkbar. Sollten Sie auf der Suche nach positiven Gedanken sein, die Ihren Klienten die Panik vor dem Ende nehmen können, dann halten Sie sich an die Terror Management Theory der amerikanischen Soziologen Sheldon Solomon, Jeff Greenberg und Tom Pyszczynski. Ihnen zufolge stehen zwischen uns und der nackten Angst vor allem zwei Dinge: Gruppenzugehörigkeit und Selbstwertgefühl. Fragen Sie nach den Menschen, mit denen der oder die Besuchte sich gern umgeben hat, und nach den Dingen, auf die sie stolz sein können. Schließlich sind auch Transzendenzgedanken oft sehr tröstlich: Was bleibt von mir, das über den Tod hinausreicht? Ein Lebenswerk? Kinder?

Rund um Tod und Sterben ist natürlich die Trauer ein offensichtlich im Raum stehendes Gefühl, denn die Trauer ist Ausdruck eines Verlustes und dient seiner Verarbeitung. Aber man sollte nie vergessen, dass sie selten in Reinkultur existiert, dass sie »maskiert« auftreten und mit anderen Gefühlen vergesellschaftet sein kann. Angst, Aggression, Eins-Sein und Freude, auch zeitweises Nicht-Fühlen treten ebenso auf wie die Trauer. Die Zeit des Sterbens ist sozusagen wie ein Leben unter dem Brennglas: Alle Gefühle haben das Potenzial, übergroß aufzutreten, und zwar ganz konzentriert. Diese emotionale Wucht bedeutet einen echten Gefühlsreichtum, der auch oft als sehr wertvoll wahrgenommen wird. Seelsorge unter diesen Bedingungen ist intensiv, manchmal auch anstrengend, aber in der Regel auch sehr bereichernd für die Seelsorgenden.

Nicht nur der Sterbende hat ein Recht auf Trauer, sondern auch die Menschen, die mit dem Sterben eines anderen konfrontiert werden. Für die geistige Gesundheit ist es dringend nötig, dass ein gesunder Trauerprozess ablaufen kann! Unbewältigte Trauer hat nämlich die Tendenz, nicht unter dem willkürlich verordneten »Gefühlsdeckel« zu bleiben und aus dem Leben zu verschwinden. Stattdessen kann sie völlig unvermittelt zu Tage treten, wenn die emotionale Stabilität gerade aus einem ganz anderen Grund gefordert ist. Die Art und Weise, wie diese verdrängte Trauer sich dann zeigt, ist aber oft »maskiert« und deshalb nicht unbedingt gleich als Trauer zu erkennen. Sie kann dann andere Gefühle auslösen, vom erstarrten Nicht-Fühlen über (Verlust-)Ängste bis zu Aggressionsschüben. Nicht zu vergessen sind auch psychosomatische Erkrankungen, mit denen die Trauer auf rätselhafte Weise auf sich aufmerksam machen kann. Auch da gibt es eine ganze Palette möglicher Reaktionen: Rücken- oder Kopfschmerzen, Migräne, Magen-Darm-Beschwerden, Schlafstörungen, Depressionen, plötzlich ausgelöste Autoimmunerkrankungen, um nur einige zu nennen.

Menschen gehen je nach ihrem Charakter und ihren Vorerfahrungen sehr unterschiedlich mit ihrer Trauer um; die Trauer kennt viele Gesichter, und es ist nicht an uns, die verschiedenen Ausdrucksformen zu bewerten.

Wichtig zu wissen ist aber: Es gibt keine Abkürzungen bei der Bewältigung der Trauer! Jeder Trauerprozess dauert so lange er eben dauert. Und das ist individuell sehr unterschiedlich. Man kann davon ausgehen, dass jeder trauernde Mensch ähnliche Phasen bei der Bewältigung seiner Trauer durchläuft. Wie lange die Trauernden mit jeder Phase beschäftigt sind, variiert aber. Auch ein und dieselbe Person trauert nicht bei jedem Anlass genau gleich.

Umgang mit Sterben, Tod und Trauer

Mögliche Trauerphasen bei Hinterbliebenen

- Verleugnung
  Das ist die Phase des Schocks (»Das kann nicht wahr sein, es ist nur ein Alptraum!«).
  Traueraufgabe: Den tiefen Fall aufhalten, zunächst nur begreifen, was passiert ist.
  Hilfe: Realität schaffen durch praktisches Handeln, z. B. sich vom Toten verabschieden und immer wieder über das Geschehene sprechen.

- Verzweiflung
  Extreme Emotionen (Schuldzuweisungen, Schuldgefühle, Wut, Hass, Sich-Auflehnen gegen das Schicksal).
  Traueraufgabe: Emotionen zulassen, ausleben und durchleiden.
  Hilfe: Raum für den Ausdruck der Emotionen geben, damit die eigenen Grenzen wieder gefunden werden.
- Rückzug
  Erschöpfung und Resignation, große Gefahr der Labilität (Gefahr von Depression und Suizidalität!), aber bei gutem Verlauf auch Wendepunkt (Beginn des Sich-Abfindens).
  Traueraufgabe: Offen bleiben, Nähe zulassen, Gefühle äußern, nicht versteinern.
  Hilfe: Gespräche, Teilen der Emotionen.
- Vergebung:
  Akzeptieren des Unabänderlichen, Suche nach Veränderung.
  Traueraufgabe: Das Leben ohne den Verstorbenen neu erfahren, Veränderungen zulassen.
  Hilfe: Neue Wege und Bedingungen ausloten und ausprobieren (auch: Austausch darüber, wie es weitergehen könnte, im Erzählen neue Perspektiven entdecken).
- Versöhnung
  Den Verlust ins eigene Leben integrieren, das Schicksal annehmen.
  Traueraufgabe: Den Verstorbenen im Herzen behalten und das eigene Leben so annehmen, wie es ist.
  Hilfe: Für die Gestaltung dieses Lebens Kraft und Optimismus entwickeln.

Bei der Begleitung Sterbender

- Loslassen fällt leichter, wenn die Dinge geregelt und Themen bearbeitet sind.
- Rituale helfen beim Abschluss und beim Entspannen.
- Raum eröffnen für die relevantesten Gesprächsthemen: Liebe und Reue.
- Terror Management Theory: Laut den amerikanischen Sozio-

logen Sheldon Solomon, Jeff Greenberg und Tom Pyszczynski stehen zwischen uns und der nackten Angst vor allem zwei Dinge: Gruppenzugehörigkeit und Selbstwertgefühl.
- Transzendenzgedanken sind nach Erkenntnis vieler einschlägig forschender Psychologen wie Elisabeth Kübler-Ross äußerst hilfreich; dazu gehören etwa die Themenfelder Religion, Kinder, Lebenswerk …

Was kann ich als Seelsorgende*r konkret in der Situation tun?

- Im seelsorglichen Gespräch Räume eröffnen für die genannten relevanten Themen: Liebe, Reue, extreme Emotionen, Gruppenzugehörigkeit, Selbstwertgefühl, Ressourcen, Spiritualität, Religion, Kinder, Lebenswerk, Realisierung, Perspektivwechsel, Annehmen des eigenen Schmerzes … Wichtig: Keine Beschwichtigungsformeln!
- Rituale anbieten, die Sicherheit geben: Gebete, Krankensegen, Krankenkommunion und -abendmahl
- Meditative Ansätze wie Fantasiereise, Beschreibung des Verstorbenen und einer Situation mit ihm, bewusste Erlaubnis zur ganzen Gefühlspalette
- Da sein, d. h. als Nabelschnur zum Leben fungieren, ein Draht in die soziale Umwelt sein

Als Ergänzung zum Modell der Trauerphasen arbeite ich schon länger mit dem Modell des **Trauerraums.** Darin bilden die verschiedenen Phasen nicht aufeinanderfolgende Zeitabschnitte, sondern sind die Eckpunkte, zwischen denen sich ein Raum auftut. Das bedeutet, dass – je nachdem, wo die trauernde Person gerade steht – auch viele (ambivalente) Gefühle und Phasen gleichzeitig auftreten können.

Als Seelsorgende haben wir die wichtige Aufgabe, diesen Raum zu eröffnen oder im Gespräch offen zu halten. Denn, wie bereits erwähnt, gibt es keinen Weg an diesem Trauerraum vorbei. Er kann nicht umgangen, sondern nur durchschritten werden.

Das folgende Schema von Gottfried Mahlke soll das anschaulich machen.

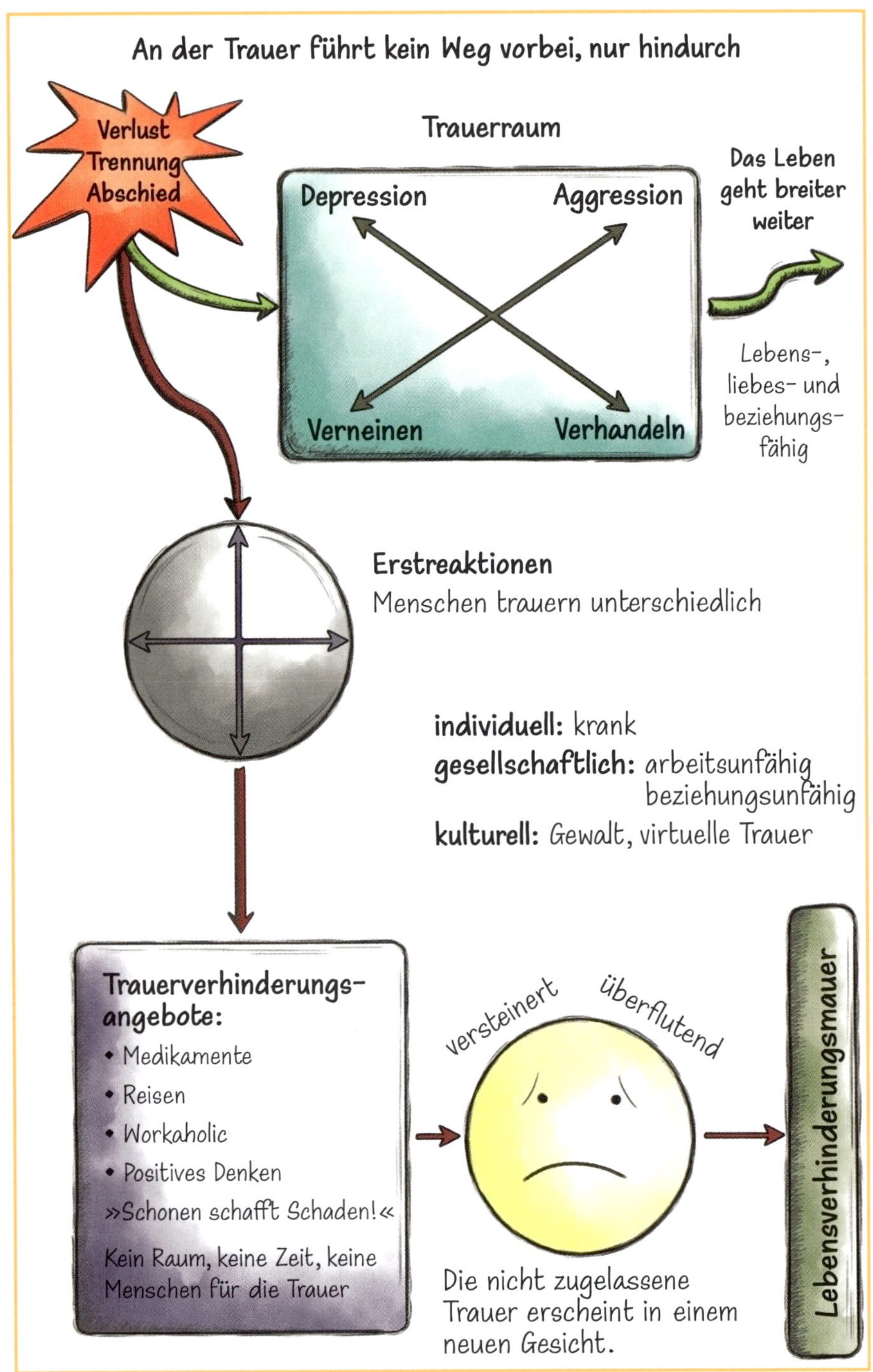

Abb. 12: »Trauerraum« nach einer Skizze von Gottfried Mahlke

Innerhalb dieses Trauerraumes gibt es noch eine weitere Dimension, die man, um im Bild zu bleiben, als Unterteilung des Raumes in zwei Zimmer beschreiben könnte. Beide Zimmer haben die Eckpunkte des gesamten Raumes; ein Zimmer repräsentiert das Vergangene und das andere das Zukünftige. Als Seelsorgende stehen wir als Türwächterin oder Türöffnerin zwischen den beiden Zimmern und halten durch unsere Fragen den Durchgang offen. Im Idealfall kann die Trauernde also zwischen Erzählungen, Gedanken und Gefühlen aus der Vergangenheit (z. B. dem gemeinsamen Leben, der Krankheit, dem Sterben) und der Zukunft (Was wird jetzt aus mir? Wie geht es weiter? Wie kann mein »neues« Leben ausschauen?) wechseln und bleibt nicht in einem der Zimmer eingesperrt.[56]

Umgang mit Sterben, Tod und Trauer im Zeitraffer

Zwei Einsatzperspektiven für die Seelsorge

Seelsorgegespräch im Zuge einer Sterbebegleitung
Seelsorgliche Begleitung trauernder Hinterbliebener

Seelsorgliche Haltung in der Trauerbegleitung

- Raum eröffnen, um das eigene Leben zu spiegeln, zu betrachten und zu verarbeiten
- große Gefühle »wie im Brennglas« aushalten
- Nicht nur der Sterbende hat ein Recht auf Trauer, sondern auch die Menschen, die mit dem Sterben eines anderen konfrontiert werden.

Trauer hat viele Gesichter

- Es gibt keine Abkürzungen bei der Bewältigung der Trauer.
- mögliche Trauerphasen
- konkrete Handlungsalternativen

56 Ich habe dieses Bild der zwei Räume (Vergangenheit und Zukunft) in meiner Ausbildung zum Seelsorger kennengelernt. Leider konnte ich trotz intensiver Recherche keine Quelle mehr finden. H. P.

11. Umgang mit Demenz und kognitiven Einschränkungen

Die Form der Seelsorge, für die wir hier Ehrenamtliche ausbilden, findet in seelsorglichen Gesprächen statt. Unsere Kursteilnehmerinnen werden darin geschult, genau hinzuhören und an den interessanten Stellen einzuhaken, nachzufragen und ihre Eindrücke zu spiegeln. Was passiert aber, wenn das rationale Denken unseres Gegenübers eingeschränkt ist oder unsere Klienten einer ganz eigenen Logik folgen, die nicht unserer Auffassung der Wirklichkeit entspricht?

Ganz einfach: Solange wir die Personen, die das seelsorgliche Gespräch in Anspruch nehmen, in einer interessierten, zugewandten Haltung ernst nehmen, ist alles in Ordnung.

Sie erinnern sich vielleicht noch, dass wir bereits früher übereingekommen waren, nicht die historische Wahrheit recherchieren oder dokumentieren zu wollen. Es kommt im seelsorglichen Gespräch nicht darauf an, ob die besuchte Person fähig ist, ihre Situation rational zu durchleuchten und einzuordnen. Es kommt auch nicht darauf an, ob die Person bei der Beurteilung eines Vorkommnisses oder einer Beziehung »im Recht« ist. Für uns ist nur wichtig, welche Gefühle und emotionalen Zustände sich für unsere Klientinnen ergeben. Wir unterstützen sie lediglich dabei, diese ins Wort zu bringen und anhand dessen einen geeigneten Umgang mit der Situation zu finden. Die Klientinnen werden sich selbst über Zusammenhänge bewusst und entwickeln eine Perspektive zum Umgang mit ihrer eigenen Situation. Unsere Bewertung der Situation ist nebensächlich!

Diese Grundsätze gelten ganz genauso bei Menschen mit kognitiven Einschränkungen oder demenziellen Erkrankungen. Wir wenden dieselben Techniken an. Wir müssen nur besonders genau hinhören und uns auch der besonderen Verletzlichkeit unserer Gesprächspartnerinnen bewusst sein. Die Herangehensweise insgesamt unterscheidet sich jedoch nicht von anderen seelsorglichen Gesprächen.

Von Anfang an waren bei den kooperierenden sozialen Einrichtungen für die Praktikumsphase auch Seniorenheime und Einrichtungen für Menschen mit (auch geistiger) Behinderung vertreten. Daher führen viele unserer Praktikantinnen Gespräche mit Menschen, die kognitiv eingeschränkt oder unterschiedlich stark dement sind. Wenn die Praktika verteilt werden, gibt es da durchaus Vorbehalte bei unseren Kursteilnehmerinnen. Manche können sich nicht vorstellen, wie ein Gespräch unter solchen Bedingungen funktionieren soll. Sind sie aber erst einmal ins Praktikum gestartet, stellen viele zu ihrer eigenen Überraschung fest, dass sich selbst dann gute und intensive »Gespräche« ergeben können, wenn die sprachliche Kommunikation stark eingeschränkt ist. Zur Erinnerung: Nur ein ganz kleiner Anteil am kommunikativen Austausch findet tatsächlich über rational-inhaltsorientierte Sprache statt. Anhand der Körpersprache oder der Art des Ausdrucks lässt sich meist deutlich feststellen, welche Themen oder Gesprächsumstände der besuchten Person Freude machen bzw. Angst, Trauer oder Aggressionen auslösen. Man muss nur aufmerksam sein. Wünscht sich die Klientin mehr Nähe oder will sie der Situation lieber ausweichen? Beginnen die Augen zu leuchten? Versucht die Person etwas mitzuteilen?

Auch bei Menschen, die unter Demenz leiden, geht es darum, ihnen einen Raum zu eröffnen, in dem es nur um sie geht und in dem sie gesehen werden und ihre Gefühle ausdrücken dürfen. Durch eine starke Resonanz auf diese Art der Gesprächsführung werden unsere Praktikantinnen oft erst darauf aufmerksam, dass die von ihnen besuchten Personen im Alltag gern unterschätzt werden. Von den Seelsorgenden erfordert eine solche besondere Gesprächssituation oft eine bewusste Einordnung oder Interpretation des Erlebten. Eine ängstliche Reaktion auf übliche Verabschiedungsformeln muss nämlich nicht darauf hinweisen, dass sich die Klientin vor den Worten oder vorm Händeschütteln fürchtet. Es könnte sich auch um andere Verlustängste handeln. In diesem Fall könnte die Seelsorgerin z. B. versuchen, die Verabschiedung ganz anders zu gestalten, vielleicht als Ausblick auf das nächste Treffen. Dort ergibt sich vielleicht auch die Gelegenheit, noch einmal genau nachzufragen, was der besuchten Person solche Angst macht.

Diese Art des Ernstnehmens und des Eingehens auf die Gefühlswelt der Klienten hat einen eigenen Namen: Validation. Damit ist gemeint, dass die Seelsorgerin ernsthaft erwägt, was die Klientin ihr berichtet, und die Gefühlsäußerung wertschätzend aufnimmt. Mit einer empathischen, interessierten Grundhaltung dringt man so zum Kern des für die Klientin wichtigen Themas vor und gibt der Klientin das Gefühl, wirklich gesehen und in ihrer Besonderheit gewürdigt zu werden.

Noch heute als Seelsorger bin ich für die gute Ausbildung in Validation, die ich als angehender Altenpfleger genossen habe, sehr dankbar. Ich hatte sogar das Glück, Naomi Veil, die Begründerin der Validation, in einem Workshop selbst zu erleben. Eine Begegnung, die man so schnell nicht mehr vergisst.

Ein Beispiel aus diesem Workshop ist mir bis heute im Gedächtnis geblieben; ich habe es im Pflegealltag danach in vielen Formen so erlebt und angewandt und ich gebe es gern an die Kursteilnehmerinnen weiter:
Eine Bewohnerin im Pflegeheim sucht verzweifelt ihre Handtasche und vor allem das darin befindliche Geld. Sie behauptet immer wieder, dass die Tasche Ihr gestohlen wurde. Jegliche Diskussion mit der Dame und alle Beteuerungen, dass die Tasche in ihrem Nachtkästchen sei, dass sie hier im Haus gar kein Geld brauche usw. sind natürlich vollkommen zwecklos. Die Dame wird immer verzweifelter, letzten Endes aggressiv. Gleiches gilt für das Pflege-, Betreuungs- oder Seelsorgepersonal.

Was sich dagegen lohnen würde, ist ein Perspektivwechsel – z. B. die Erinnerung daran, wie ich mich das letzte Mal gefühlt habe, als mein Geldbeutel verschwunden war. Dazu gehört auch meine Reaktion auf gut gemeinte Hilfsangebote und Ratschläge meines Umfelds: Verzweiflung und Wut!

In diesem Beispiel hat die Dame nicht nur das Gefühl, etwas verloren zu haben, sie hat de facto einiges verloren: ein Stück ihrer Freiheit durch den Umzug ins Heim und die Unterbringung in einer beschützenden Abteilung. Auch wenn ihr Geld rein technisch nicht gestohlen wurde, ist es tatsächlich nicht mehr in ihrem Geldbeutel. Nur einer von vielen kleinen Kontrollverlusten …

Als Hintergrundwissen ist es für die Seelsorgenden nützlich, eine ungefähre Vorstellung davon zu haben, worum es sich bei Demenz und kognitiver Einschränkung überhaupt handelt: Mit »Demenz« bezeichnet man Erkrankungen, die mit dem fortschreitenden Abbau der geistigen Fähigkeiten einhergehen, während der Begriff »kognitive Einschränkung« darauf hinweist, dass bestimmte geistige Verarbeitungsprozesse grundsätzlich weniger entwickelt oder durch eine Erkrankung beeinträchtigt und daher eingeschränkt sind. Kognitive Einschränkungen als solche unterliegen aber nicht notwendigerweise fortschreitenden Abbauprozessen.

Demenz und kognitive Beeinträchtigung

Was ist eine Demenz?

Demenz (F00–F03) ist ein Syndrom als Folge einer meist chronischen oder fortschreitenden Krankheit des Gehirns mit Störung vieler höherer kortikaler Funktionen, einschließlich Gedächtnis, Denken, Orientierung, Auffassung, Rechnen, Lernfähigkeit, Sprache und Urteilsvermögen. Das Bewusstsein ist nicht getrübt. Die kognitiven Beeinträchtigungen werden gewöhnlich von Veränderungen der emotionalen Kontrolle, des Sozialverhaltens oder der Motivation begleitet, gelegentlich treten diese auch eher auf. Dieses Syndrom kommt bei der Alzheimer-Krankheit, bei zerebrovaskulären Störungen und bei anderen Zustandsbildern vor, die primär oder sekundär das Gehirn betreffen.

Für die Diagnose einer Demenz müssen die Symptome mindestens sechs Monate bestanden haben. Die kognitiven Beeinträchtigungen sind häufig einhergehend mit Veränderungen der emotionalen Kontrolle, der Affektlage, des Sozialverhaltens oder der Motivation. Das Bewusstsein ist nicht getrübt.[57]

Demenzerkrankung in Zahlen[58]

Altersgruppe	Prävalenzrate für Europa
40–59 Jahre	0,21 %
60–64 Jahre	0,93 %
65–69 Jahre	1,85 %
70–74 Jahre	3,79 %
75–79 Jahre	7,67 %
80–84 Jahre	14,35 %
85–89 Jahre	22,96 %
über 90 Jahre	36,32 %

In Deutschland wurden im Jahr 2021 geschätzt 1,8 Millionen Menschen mit einer demenziellen Erkrankung diagnostiziert. Aufgrund mangelnder Diagnostik ist aber von einer höheren Erkrankungszahl auszugehen. Bis zum Jahr 2050 ist mit einem Anstieg auf 2 Millionen Demenzerkrankte zu rechnen.

Formen der Demenz

Alzheimer – Die häufigste aller Demenzformen

Die Bezeichnung der Alzheimer-Demenz geht auf den deutschen Psychiater Alois Alzheimer zurück. Die Alzheimer-Krankheit ist eine Erkrankung des Gehirns, bei welcher die Nervenzellen zugrunde gehen. Dadurch verschlechtern sich nach und nach die geistigen Fähigkeiten. Das Erinnerungs- und das Orientierungsvermögen nehmen allmählich ab und die sprachliche Ausdrucksfähigkeit schwindet. Bis heute ist die Ursache der Alzheimer-Erkran-

57 ICD-10-WHO, Version 2019, Kapitel V: Psychische und Verhaltensstörungen, auf: www.dimdi.de/static/de/klassifikationen/icd/icd-10-who/kode, 29.08.23.

58 Die Häufigkeit von Demenzerkrankungen. Deutsche Alzheimer Gesellschaft, auf: www.deutsche-alzheimer.de/fileadmin/Alz/pdf/factsheets/infoblatt1_haeufigkeit_demenzerkrankungen_dalzg.pdf, 29.08.23.

kung nicht vollständig geklärt. Die physiologischen Veränderungen im Gehirn beginnen bereits im vierten Lebensjahrzehnt – also lange, bevor sich die Krankheitssymptome bemerkbar machen.

Lewy-Körperchen-Demenz – Zweithäufigste Demenzform

Die Lewy-Körperchen-Demenz ist nach der Alzheimer-Demenz die zweithäufigste Demenzerkrankung, an der Schätzungen zufolge 15 Prozent der Demenzpatienten leiden. Benannt wurde sie nach dem deutschen Neurologen Friedrich H. Lewy. Ursächlich für die Entstehung ist die Veränderung bestimmter Hirnzellen. Jene veränderten Hirnzellen werden Lewy-Körperchen genannt. Die Lewy-Körperchen-Demenz ähnelt der Alzheimer-Demenz, weshalb sie schwer voneinander zu unterscheiden sind. Kennzeichnend für eine Lewy-Körperchen-Demenz sind: starke Schwankungen der geistigen Leistungsfähigkeit und der Aufmerksamkeit, detailreiche Halluzinationen, leichte Parkinson-Symptome wie zitternde Hände oder Steifigkeit der Glieder. Stürze und Bewusstlosigkeit sind weitere mögliche Symptome.

Frontotemporale Demenz (FTD) – selten und persönlichkeitsverändernd

Die Frontotemporale Demenz (FTD) zählt zu den seltenen Demenzformen. Weniger als zehn Prozent aller Menschen mit Demenz sind betroffen. Bei der FTD gehen die Nervenzellen in Stirn- und Schläfenlappen des Gehirns zugrunde. Durch die Veränderung des Stirnhirns kommt es bei den Betroffenen zu Auffälligkeiten, die vor allem durch nachlassendes Einfühlungsvermögen und sozial unangepasstes Verhalten wie zunehmende Taktlosigkeit, Aggressivität oder Teilnahmslosigkeit gekennzeichnet sind. Je nachdem, in welchen Teil des Großhirns die Nervenzellen absterben, können die Symptome unterschiedlich ausfallen. Mit Fortschreiten der Krankheit kommen Sprach- und Gedächtnisstörungen hinzu. Typisch für diese Form der Demenz ist, dass die Betroffenen kein Einsehen in ihre Krankheit haben. Im Durchschnitt bricht FTD im Alter zwischen 50 und 60 Jahren aus. In sehr seltenen Fällen können auch schon deutlich jüngere Menschen daran erkranken.

Vaskuläre Demenz (VAD) – Gedächtnisverlust als Folge von Gefässverkalkungen

Bei vaskulären Demenzen sind Durchblutungsstörungen des Gehirns für das Absterben von Nervenzellen verantwortlich. Je schwerwiegender die Durchblutungsstörung, desto ausgeprägter die Demenz. Die mangelhafte Blutversorgung des Gehirns geht auf Gefäßverkalkungen, Herzinfarkte oder Schlaganfälle zurück. Der Beginn dieser Demenzform ist oft schleichend und die Unterscheidung von der Alzheimer-Demenz schwierig. Allerdings unterscheiden sich die Symptome. Anders als bei der Alzheimer-Demenz stehen nicht die Gedächtnisstörungen im Vordergrund, sondern Verlangsamung, Denkschwierigkeiten oder Stimmungsschwankungen. Werden die Risikofaktoren rechtzeitig behandelt, ist eine prinzipielle Vorbeugung der vaskulären Demenz möglich.

Mischformen aller demenziellen Erkrankungen sind möglich.[59]

Diagnosemöglichkeiten bei Verdacht auf Demenz

Für die Diagnose »Demenz« suchen die Medizinerinnen neben der Gedächtnisstörung nach weiteren Krankheitsanzeichen:

- Störungen des Denk- und Urteilsvermögens sowie Aufmerksamkeitsstörungen
- Sprachstörung
- Probleme mit den Bewegungen
- Nichterkennen/ Nichtverstehen von Gesprochenem, Gesehenem, Gehörtem oder Getastetem
- Unvermögen, komplexe geistige Ideen in eine Handlung umzusetzen
- Verschlechterung des Leistungsniveaus
- verminderter Antrieb und Störungen im Sozialverhalten[60]

59 Übersicht der häufigsten Demenzerkrankungen. DZNE Stiftung, auf: www.dzne-stiftung.de, 29.08.23.

60 Diagnosemöglichkeiten bei Verdacht auf Alzheimer-Demenz. Auf: www.neurologen-und-psychiater-im-netz.org/neurologie/erkrankungen/alzheimer-erkrankung/diagnostik/

Behandlungsmöglichkeiten

Es stehen unterschiedliche Behandlungsmöglichkeiten für Menschen mit Demenz zur Verfügung. Durch positive Erfahrungen und Erlebnisse kann eine längere Selbständigkeit gefördert und die Lebensqualität der Menschen mit Demenz und ihrer Angehörigen gesteigert werden.

Medikamentöse Behandlungsmöglichkeiten

Die Ausprägung der Symptome lässt sich häufig durch Medikamenteneinnahme hinauszögern. Je früher die Therapie beginnt, desto besser. Dabei kommen gegebenenfalls Medikamente wie Antidementiva, Antidepressiva und Antipsychotika zum Einsatz.

Nichtmedikamentöse Behandlungsmöglichkeiten

Es gibt eine Fülle nichtmedikamentöser Therapien, die sich für Menschen mit Demenz eignen:

- Ergotherapie
- Physiotherapie
- Kognitives Training
- Verhaltenstherapie
- Biografiearbeit
- Realitätsorientierung
- Musiktherapie
- Kunsttherapie
- Milieutherapie[61]

Was ist eine kognitive Beeinträchtigung?

Wenn die kognitiven Fähigkeiten, die Leistungen des Gehirns eines Menschen, beeinträchtigt sind, wird von einer kognitiven Beeinträchtigung gesprochen. Das bedeutet konkret: Den Personen fällt es beispielsweise schwer, komplexe Informationen zu verstehen, zu lernen, zu planen oder eine Situation zu verallgemeinern.

61 Behandlungsmöglichkeiten. Wegweiser Demenz, Bundesministerium Familie, Senioren, Frauen und Jugend, auf: www.wegweiser-demenz.de/wwd/medizinisches/behandlung/behandlungsmoeglichkeiten, 29.08.23.

Ursachen einer kognitiven Beeinträchtigung

Eine kognitive Beeinträchtigung kann jederzeit im Leben eintreten. Bereits nach der Befruchtung der Eizelle und mit Beginn der Zellteilungen kann es zu genetischen Ursachen, Gen-Mutationen, kommen. Sie verursachen z. B. eine Trisomie 21.

Während der Schwangerschaft beeinträchtigen Infektionskrankheiten oder Drogenkonsum der Mutter das Kind in seiner Entwicklung. Eine Frühgeburt oder Sauerstoffmangel bei der Geburt sind weitere Ursachen für kognitive Beeinträchtigungen. Im Laufe des Lebens können Unfälle, Infektionskrankheiten oder Erkrankungen wie Parkinson oder Multiple Sklerose Auslöser für eine Behinderung sein.

Formen von kognitiven Beeinträchtigungen

Medizin und Psychologie haben Klassifikationssysteme entwickelt. Sie sollen helfen, Personen mit kognitiver Behinderung in Gruppen einzuteilen.

Ein System orientiert sich am Intelligenz-Quotienten.
Eine leichte Behinderung liegt demnach bei einem IQ von 50–69 vor, eine mittlere geistige Behinderung bei einem IQ von 35–49. Eine schwere Form der kognitiven Beeinträchtigung wird mit einem IQ unter 35 definiert.[62]

Bei allen Versuchen der Einordnung ist jedoch Vorsicht geboten. Sie wirken stigmatisierend und defizitorientiert. Sie definieren ein Individuum nur nach den ihm fehlenden oder eingeschränkten Fähigkeiten.

Unterschied zur kognitiven Störung

Eine kognitive Störung ist im Gegensatz zu einer kognitiven Beeinträchtigung reversibel. So kann z. B. eine Amnesie nach einem Unfall oder einem Schlaganfall behandelt werden.

---

62 Hannes Dohrenbusch/ Luca Godenzi/ Brigitta Boveland (Hrsg.): Differentielle Heilpädagogik, Luzern 2005.

Wie gesagt: Alle diese Fakten brauchen wir in der Seelsorge nur als Hintergrundinformationen! Wir sind keine Therapeuten und kein Pflegepersonal. Wir sollten nur darauf gefasst sein, dass Probleme mit dem Kurzzeitgedächtnis, Schwindel, eine verquere Wahrnehmung der Wirklichkeit, Schwierigkeiten beim Gehen oder heftigere Reaktionen auf Gesagtes auftreten können. Manchmal erzählen die Klienten auch von Diagnose- oder Therapieverfahren, mit denen sie in Kontakt gekommen sind. Die Seelsorgerin sollte deshalb einen Eindruck davon haben, was üblich ist. Tiefergehendes medizinisches Wissen ist aber nicht erforderlich.

Was mir beim Verständnis der Erkrankung und im Umgang mit Menschen mit Demenz immer geholfen hat, ist folgendes Bild: Stellen wir uns das Leben bzw. die Erinnerungen an unser Leben wie ein großes Bücherregal vor. Für jedes Jahr gibt es ein dickes Buch, in dem unsere Erlebnisse und Begegnungen aufgeschrieben sind.

Normalerweise fällt uns die Erinnerung an den Inhalt der Bücher (Erinnerungen) umso schwerer, je weiter sie zurückliegen. Bei der Demenz funktioniert das Vergessen nun aber genau andersherum. Die Bücher, die als erste verschwinden, sind die Erinnerungen an gestern, vorgestern, letztes Jahr usw; die Bücher aus Jugend und Kindheit bleiben am längsten lesbar (zugänglich). Daraus erklärt sich, warum Menschen mit einer demenziellen Erkrankung häufig scheinbar »in der Vergangenheit« leben, warum längst verstorbene Personen wieder »auftauchen« und Sorgen und Ängste aus Kindertagen wieder präsent werden.

Darin liegt aber auch eine wichtige Ressource für das seelsorgliche Gespräch. Wir können das Wissen, das in den noch vorhandenen Erinnerungsbüchern bewahrt wird, nutzen. Dort finden sich auch Gebets- und Liedtexte, biblische Erzählungen und nicht selten ein vielleicht »kindlicher«, aber fester und hoffnungsvoller Glaube.

Sich darauf einzulassen, birgt sicher die Gefahr, dass wir unsere Gesprächspartnerinnen, die wie Kinder fühlen, denken und reden, auch wie Kinder behandeln. Ein wertschätzender, respektierender und erwachsener Umgang ist hier angesagt. Das drückt sich z. B. auch durch die Ansprache mit »Sie« und dem Nachnamen aus, auch wenn die Menschen mich duzen.

Ohne Demenz verharmlosen oder romantisieren zu wollen – es ist eine leidvolle und schwere Erkrankung –, erwische ich mich im Umgang mit Betroffenen immer wieder bei dem Gedanken, dass sie uns in vielem einen Schritt voraus sind: »Amen, ich sage euch: Wenn ihr nicht umkehrt und werdet wie die Kinder, werdet ihr nicht in das Himmelreich hineinkommen« (Mt 18,3).

Darüber hinaus gibt es viele Vorschläge, wie ein Gespräch mit einer dementen oder kognitiv eingeschränkten Person gelingen kann. Es lohnt sich, diese Vorschläge bei der Gesprächsmethodik zu berücksichtigen.

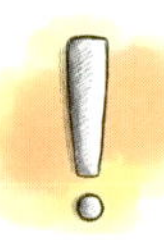

Tipps für den Umgang mit Demenzkranken

Folgende Gesprächstechniken und Haltungen haben sich im seelsorglichen Umgang mit Menschen mit Demenz bewährt:

- Biografiearbeit (seelsorgliche Gesprächstechnik, Biografiebögen)
- Validation (bewährte Gesprächstechnik für desorientierte Menschen)
- Sprechen in deutlichen und bestimmten einfachen, kurzen Sätzen
- fürsorglicher, aber bestimmter Umgang
- Geduld und Zeit geben für Reaktionen/ Entgegnungen
- keine Diskussionen, Anschuldigungen nicht persönlich nehmen
- Konkrete Angaben wie Zeit, Datum, Ort und Namen bieten Orientierungshilfen.
- Akzeptieren Sie das Denken in der Vergangenheit und nutzen Sie dies als Überleitung in die Gegenwart.

Wie wir bereits früher angemerkt haben: Sollte die Person auf einer Version der Wirklichkeit beharren, die Sie als falsch erkennen, dann kontern Sie nicht mit Fakten. Eine »Korrektur der Wahrheit« wird Ihnen so nämlich nicht gelingen, und sie ist auch nicht das Ziel. Versuchen Sie lieber herauszufinden, was die (emotionale) Bedeutung der erzählten Geschichte für die besuchte Person ist. So zeigen Sie Ihren Klienten, dass Sie mit echtem Interesse auf sie schauen.

Demenz und kognitive Einschränkung im Zeitraffer

Theoretisches Wissen und Handlungshilfen für die Praxis

- Anwendung der erlernten Gesprächstechnik in Gesprächen mit dementen oder kognitiv eingeschränkten Personen
- Abbau von Bedenken in der Praxis
- Definitionen von Demenz und kognitiver Einschränkung
- Hintergrundwissen: Arten der Demenz, Diagnose- und Therapiemöglichkeiten, Zahlen zur Demenz
- Tipps zum Umgang mit Demenzkranken

III. Abschluss der Ausbildung

12. Ende des Praktikums und Abschlussberichte

Beim letzten Kurstreffen vor dem Abschluss erinnern wir die Teilnehmerinnen daran, dass sie ihre Seelsorgebeziehungen aus dem Praktikum zu einem Ende führen müssen. Das bewusste Beenden dieser Beziehungen ist Bestandteil der Ausbildung. So, wie ein Anfang gefunden und eine gewisse Routine beim Absolvieren der Besuche aufrechterhalten werden musste, so muss jetzt ein geplanter Abschied stattfinden.

Mit dieser Maßnahme können unsere Praktikantinnen auch gleich überprüfen, ob es ihnen gelungen ist, sich angemessen in ihrer Rolle als Seelsorgerin abzugrenzen. Sollte diese Abgrenzung funktioniert haben, dann ist es auch kein Problem, den Klienten zu erklären, dass das Praktikum jetzt beendet ist. Falls die Klienten darüber hinausgehenden Bedarf an weiteren Seelsorgegesprächen haben, darf man gern anbieten, den Kontakt zu anderen Seelsorgenden (z. B. aus dem örtlichen Seelsorgekreis) herzustellen. Schwierig wird es an dieser Stelle nur, wenn die Abgrenzung nicht scharf genug war und die persönliche Beziehung plötzlich wichtiger als die Seelsorgerolle zu sein scheint.

Dieses Sich-trennen-Können ist gleichzeitig eine wichtige Übung für eine spätere Tätigkeit als ehrenamtliche Seelsorgerin. Auch hier kann es viele Gründe geben, weswegen eine seelsorgliche Begleitung zu beenden ist. Sei es, dass die Ehrenamtliche keine Ressourcen mehr für die Begleitung hat oder dass der/die Besuchte umzieht, z. B. in ein Altenheim, oder dass die Begleitung schlicht an ein »natürliches« Ende geraten ist und sich in und aus den Gesprächen nichts Neues mehr ergibt.

Die ehrenamtlich Seelsorgenden sollen in solchen Fällen in der Lage sein, sich von ihrer Begleitung »trennen« zu können. Denn nur dadurch sind sie in der Lage, im Sinne der Selbstsorge auf ihre Bedürfnisse und Ressourcen zu achten.

Nicht zuletzt bekommen seelsorgliche Begleitungen und Beziehungen gerade durch die Dringlichkeit des drohenden Abschieds noch einmal eine besondere Dynamik und Tiefe, die es zu nutzen gilt. Den auch für den/die Begleitete liegt im Abschiednehmen von der Seelsorgerin eine Übungs- und Entwicklungschance.

Einer meiner Seelsorgelehrer, Andreas Pech, pflegte zu sagen: »Viele Menschen suchen nach einer Lösung, aber nur die wenigsten sind bereit, sich zu lösen.« Durch das Ende einer (Seelsorge-)Beziehung entsteht auf beiden Seiten Raum für Neues und für neue Beziehungen. In meinen Augen ist das für viele Seelsorgende, haupt- wie ehrenamtliche, eine nicht ganz einfache, aber wichtige Lektion.

Außerdem erinnern wir die Kursteilnehmerinnen daran, dass sie bis zum letzten Kurstreffen einen Abschlussbericht verfassen sollen. Der Bericht dient im Wesentlichen der eigenen Reflexion des Kursgeschehens und beleuchtet dieses aus verschiedenen Blickwinkeln. Schließlich sollen die Teilnehmerinnen auch ihre eigene Haltung bezüglich eines Einsatzes in der ehrenamtlichen Seelsorge klären und äußern. Als kleine Formulierungshilfe gibt es dazu ein Arbeitsblatt, auf dem die verschiedenen Blickwinkel verzeichnet sind, die beleuchtet werden sollen.

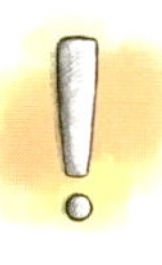

Fragen für den Abschlussbericht

1. **Welchen Weg bin ich durch diesen Kurs gegangen?**
   1.1 Wie bin ich in den Kurs hineingegangen?
   1.2 Welche Begabungen, Stärken und Grenzen habe ich als Seelsorger*in an mir entdeckt?
   1.3 Welche Bedeutung hatte mein Lernziel in diesem Kurs für mich? (gemeint sind die im Kurs erarbeiteten Haltungsziele)
2. **Wie sehe und erlebe ich meine Beziehung …**
   2.1 zur Kursgruppe als ganzer?
   2.2 zu den Kursteilnehmer*innen im Einzelnen? (Was habe ich durch die Beziehung zu N.N. gelernt?)
   2.3 zur Kursleitung im Einzelnen? (Was habe ich durch die Beziehung zu den Kursleiterinnen gelernt?)
3. **Was ist für mich Seelsorge?**
4. **Was sehe ich in der Zukunft?**
   4.1 An welchen Themen möchte ich gern weiterarbeiten bzw. was möchte ich weiterentwickeln?
   4.2 Kann ich mir eine ehrenamtliche Tätigkeit als Seelsorger*in vorstellen?

Das Verfassen des Abschlussberichtes wird erfahrungsgemäß von den Kursteilnehmerinnen sehr ernst genommen. Schließlich enthält jeder Bericht auch Feedbacks für die anderen Absolventinnen und die Kursleitung. Die Verfasserinnen gewinnen dadurch die Möglichkeit, genau wahrzunehmen, was sie im Kursverlauf von den anderen gelernt und wie sie sich dabei entwickelt haben. Alle Gruppenmitglieder und die Kursleitung gewinnen wiederum einen ganzen Strauß an Feedbacks.

Die direkte Ansprache der einzelnen Kursteilnehmerinnen fällt vielen Teilnehmenden auch im Schlussbericht nicht gerade leicht. Eine offene und gleichzeitig wertschätzende Feedbackkultur ist und bleibt eine große Aufgabe. Ich bin aber überzeugt, dass viele der Ehrenamtlichen auch außerhalb des Kurses einen positiven Einfluss auf viele andere Gruppen und Gremien haben. Sie haben in ihrer Ausbildung die Erfahrung gemacht, wie wertvoll und förderlich ehrliches Feedback und Kritik sein können. Diesen neuerlernten und erprobten Mut können sie an dieser Stelle auch im Abschlussbericht noch einmal festigen.

Wir nehmen uns den ganzen Kurstag dafür Zeit, miteinander die verschiedenen Abschlussberichte zu besprechen. Dabei stellen nacheinander alle Teilnehmerinnen ihre abschließenden Gedanken und Reflexionen der Gruppe vor, wobei sie auch ihre Feedbacks für die anderen Absolventinnen und die Kursleitung direkt und persönlich übermitteln. Anschließend an den »Abschlussvortrag« melden wiederum die Kursmitglieder zurück, was sie an dem jeweiligen Feedback besonders wahrgenommen haben. Die Kursleiterinnen äußern sich auch zur Vorstellung der jeweiligen Vortragenden, ob sie in der ehrenamtlichen Seelsorgeausbildung eingesetzt werden möchte.

Im Laufe des Kurses wird sich die Einstellung der Teilnehmerinnen zur ehrenamtlichen Gesprächsseelsorge, wie wir sie lehren, sicherlich wandeln. Erst im Tun stellt sich heraus, ob jemand mit den von uns angewandten Techniken gut umgehen kann und ob diese Art der Seelsorge zu einem Herzensthema werden kann. Für manche vertieft sich ihre Begeisterung mit zunehmender Übung und Bearbeitung des Themas. Andere entdecken vielleicht, dass sie das erlangte Hintergrundwissen in ihrem Leben gut gebrauchen können, dass aber die Rolle der ehrenamtlichen Seelsorgerin nichts für sie ist. Wieder andere stellen fest, dass sie bereits einen ehrenamtlichen Einsatzort gefunden haben, der besser zu ihnen passt. Aber alle haben im Verlauf des Kurses ehrlich und tief in sich hineingeschaut. Dadurch hat der Kurs »etwas mit ihnen gemacht«. Deshalb hat sich bisher jeder Abschlusstag sehr gehaltvoll angefühlt und die Absolventinnen äußern sich sehr häufig so, dass sie die Besprechung der Abschlussberichte als ein kostbares Geschenk aneinander empfinden.

Wir sind immer wieder überrascht und natürlich auch ein wenig stolz, welche Antworten wir auf die Frage nach dem Seelsorgeverständnis unserer Teilnehmerinnen zu lesen bekommen. Sie stehen denen ihrer hauptamtlichen Kolleginnen in nichts nach, wie wir finden. Das Statement einer Teilnehmerin steht beispielhaft dafür:

- Seelsorge ist für mich, dem anderen zu signalisieren: Ich habe Interesse an dir, du bist mir wichtig, du bist nicht allein. Seelsorge ist für mich, dem anderen zuzuhören, ihn in seiner Situation wahrzunehmen, mich auf seine Ebene zu begeben, ihn mit seinen Gefühlen abzuholen, wo er tatsächlich ist.
  Innerlich mache ich mir bewusst: Ich habe keine Lösung, kein Patentrezept, keinen passenden Bibelspruch. Ich komme zunächst mit leeren Händen, die gefüllt werden mit dem, was du mir mitteilen magst, verbal oder nonverbal, ich höre dir zu und nehme deine Gefühle wahr; vielleicht wandelt, verändert sich durch dein Erzählen etwas für dich.
  Ich kann das, was für dich im Moment schwer ist, nur mittragen, dich dabei begleiten. Ich versuche, dich mit deinem Gefühl ernst zu nehmen, und versuche durch Rückfragen mir Klarheit zu verschaffen, wo du stehst. Mit meinen Worten versuche ich dein Gesagtes zu erfassen.
  Vielleicht, aber nur vielleicht wird es für dich dadurch leichter. Vielleicht bleibt es aber gleich schwer für dich und ich muss dich beim Abschied in deinem Schicksal lassen. Aber vielleicht haben wir es in dieser Stunde wenigstens geteilt.
  Seelsorge heißt: Ich interessiere mich für dich. Du bist es wert, gesehen und gehört zu werden. Ich nehme dich an, wie du bist.

Häufig wird in diesem Zusammenhang auch noch einmal der Corps- bzw. besser der Gruppengeist hervorgehoben. Durch die Arbeit am Thema Seelsorge und vor allem der eigenen Person entsteht oft eine ungewohnte Nähe und Offenheit zwischen den Teilnehmenden. Immer wieder hören wir an diesen Abschlusstagen, dass paradoxerweise viele Menschen gerade diese positive Erfahrung von Gruppe und Gemeinschaft im kirchlichen Kontext vermissen. Derweil wäre ja gerade die Koinonia wahlweise der vierte kirchliche Grundvollzug oder sogar Ziel und Zweck der drei anderen Grundvollzüge Leiturgia, Martyria und Diakonia. Die Ausbildung Ehrenamtlicher in Seelsorge entpuppt sich somit immer wieder, sozusagen im Nebeneffekt, als ein Beitrag zur Vergemeinschaftung und damit letztendlich zum Reich Gottes.

Zur Frage, ob sich die Teilnehmenden eine ehrenamtliche Tätigkeit in der Seelsorge vorstellen können, decken sich die Vorstellungen der Absolventinnen und die Empfehlungen der Kursleitung in den meisten Fällen. Wo sie voneinander abweichen, ist eine ehrliche, aber einfühlsame und wertschätzend vorgebrachte Stellungnahme der Kursleiterinnen wichtig.

Allerdings müssen sich die Teilnehmerinnen sicher sein dürfen, dass sie nicht am Abschlusstag ins »offene Messer« laufen. Sollte sich bereits während des Kurses herauskristallisieren, dass es keine Empfehlung geben wird, ist dies der betreffenden Person natürlich bereits im Vorfeld des Abschlusstages zu kommunizieren.

In vielen Fällen geht es dann auch gar nicht um die grundsätzliche Eignung einzelner Teilnehmender, sondern wesentlich öfter um den Eindruck, dass sich die derzeitige Lebenssituation oder das aktuelle Lebensthema nicht mit dem Einsatz als Seelsorgerin vereinbaren lässt. Auch in dieser Situation lassen wir die Teilnehmenden nicht allein, bieten Gespräche oder Begleitung an und versuchen, eine Perspektive zu entwickeln.

Trotz aller Vorsicht und Sorgsamkeit im Umgang mit den Ehrenamtlichen gilt für mich an dieser Stelle immer auch die Garantenpflicht der Kursleitung. Sie trägt, soweit das möglich ist, nicht nur die Verantwortung für die Qualität der Ausbildung, sondern auch – zumindest zum Teil – für die Qualität der Seelsorge, die durch die Ehrenamtlichen geschieht, sofern sie sich auf eine grundsätzliche Eignung und die nötigen Ressourcen, Kompetenzen und Fähigkeiten bezieht.

Jemanden für eine ehrenamtliche Tätigkeit nicht zu empfehlen oder jemandem nahelegen zu müssen, dass man ihn oder sie für nicht geeignet empfindet, ist nicht einfach. Viele Hauptamtliche, auch ich selbst, schrecken deshalb wohl immer wieder davor zurück. Nur ist es in der Konsequenz doch ein großer Unterschied, z. B. jemanden, der nicht gut lesen kann, ein Lektorenamt ausüben zu lassen, oder jemanden, der dafür nicht geeignet ist, in die Seelsorge zu schicken.

Die ehrliche Frage an uns Hauptamtliche ist an dieser Stelle, in welchem Verhältnis von Nähe und Distanz wir zu unseren eigenen Bedürfnissen nach Harmonie und Beliebtheit stehen und somit, wie frei wir in unseren Entscheidungen sind. Aber das ist eine andere Geschichte und soll in einem anderen Fachbuch behandelt werden.

Diejenigen Absolventinnen, die gern in der ehrenamtlichen Seelsorge eingesetzt werden möchten und die auch eine entsprechende Empfehlung der Kursleitung erhalten haben, werden darauf hingewiesen, dass sie für einen solchen Einsatz von einer Pfarr- bzw. Kirchengemeinde oder einer anderen kirchlichen Einrichtung oder Gruppierung beauftragt werden müssen. Über den konkreten Einsatz der ehrenamtlich Seelsorgenden entscheidet nicht die Kursleitung, sondern die Verantwortlichen vor Ort. Die Kursleitung bestätigt nur die Teilnahme an der theoretischen und praktischen Ausbildung in Seelsorge und trifft eine Aussage über die grundsätzliche Eignung zu einer seelsorglichen Tätigkeit.

An dieser Stelle ist die Kommunikation und Rückbindung an die hauptamtlichen Kolleginnen am zukünftigen Einsatzort besonders wichtig.

Der Abschlusstag im Zeitraffer

Besprechung der Abschlussberichte

- Die Absolventin trägt ihren Abschlussbericht vor. Dabei gibt sie jeder Kursteilnehmerin und jeder Kursleiterin sowie dem Kurs insgesamt ein direktes, persönliches Feedback.
- Alle Anwesenden melden zurück, was sie am jeweiligen, sie selbst betreffenden Feedback und am Bericht insgesamt besonders wahrgenommen haben. Anhand dessen wird das Feedback gemeinsam besprochen.
- Die Kursleitung nimmt auf einfühlsame und wertschätzende Weise ebenfalls Stellung und geht auch besonders auf die Vorstellung der Absolventin bezüglich eines Einsatzes in der ehrenamtlichen Seelsorge ein.
- Es erfolgt ein Hinweis zu den Voraussetzungen einer ehrenamtlichen Tätigkeit in der Seelsorge:
  1. nur mit einer seelsorglichen Ausbildung,
  2. nur mit einer kirchlichen Beauftragung und
  3. nur in Begleitung durch hauptamtlich Seelsorgende (einzeln oder in Gruppen).

Ausblick

- Seelsorgegruppe
- Beauftragung

Im Laufe des Kurses ergeben sich immer wieder Möglichkeiten, auf die Bedingungen hinzuweisen, unter denen ein Einsatz in der ehrenamtlichen Seelsorge möglich ist. Spätestens am Abschlusstag müssen diejenigen, die dort eingesetzt werden möchten, noch einmal darauf hingewiesen werden, welche Kriterien Seelsorge zu erfüllen hat.

Die Absolventinnen müssen sich klar darüber sein, dass niemand einfach so »wild herumseelsorgen« darf! Wer »offiziell« Seelsorge betreiben möchte, steht auch als Vertreterin der Kirche für diese Aufgabe vor den Menschen und wird als solche wahrgenommen. Aus dieser Wahrnehmung leiten die Menschen ab, dass auch Standards eingehalten werden, die dem entsprechen. Das gilt z. B. für die Wahrung des Seelsorgegeheimnisses und die Möglichkeit, sich auch über spirituelle Inhalte austauschen zu können. Diesem Anspruch müssen wir gerecht werden, wenn wir in der Rolle der Seelsorgerin zu jemandem kommen.

Darüber hinaus haben sich über die Jahre der Ausbildung und Begleitung ehrenamtlich Seelsorgender drei Grundsätze herauskristallisiert, die für einen erfolgreichen und qualitätvollen Einsatz der Ehrenamtlichen notwendig sind:

Grundsätze ehrenamtlicher Seelsorge

Seelsorge braucht Ausbildung, Auftrag und Anbindung.

Seelsorge braucht Ausbildung
Die Ausbildung Ehrenamtlicher in Seelsorge, die hier geschildert wurde, erfüllt einen hohen Anspruch, basiert auf den langjährigen Erfahrungen vieler Kolleg*innen und ist pastoralpsychologisch fundiert.

Das bedeutet auch, dass den Absolventinnen viel abverlangt wird: Sie bewältigen einen großen und vielfältigen theoretischen Input, sammeln über drei Monate praktische Erfahrung und begeben sich in einen Prozess des Selbstlernens und -reflektierens. Diese intensive und profunde Arbeit mit der Materie und an sich selbst sorgt am Ende aber für die hohe Qualität der Ausbildung.

Seelsorge braucht einen Auftrag

In die Seelsorge »losgeschickt« wird man durch eine formale Beauftragung der zuständigen Leitung einer Seelsorgeeinheit, einer Kirchengemeinde, der Senioren- oder Krankenpastoral in einer bestimmten Einrichtung oder einem bestimmten Gebiet. Üblicherweise erfolgt die Beauftragung im Rahmen eines Gottesdienstes, sichtbar für die Gemeinde bzw. die Menschen, für die man in der ehrenamtlichen Seelsorge im Einsatz sein wird. Die ehrenamtlich Seelsorgenden erklären dabei auch ihre Bereitschaft, ihren Dienst in der Seelsorge gewissenhaft auszuüben und mit den anderen haupt- und ehrenamtlichen Diensten der Gemeinde zusammenzuarbeiten. Außerdem werden sie aufs Seelsorgegeheimnis und den Datenschutz verpflichtet. Nach der Bereitschaftserklärung erhalten sie eine Beauftragungsurkunde, in der darauf hingewiesen wird, dass sie ihren Dienst nur in Absprache mit den Verantwortlichen für die Seelsorge ausüben dürfen.

Seelsorge braucht Anbindung

Zwar handelt es sich um ein Ehrenamt und daher beruhen Art und Umfang der Einsätze natürlich auf Freiwilligkeit. Aber dieses Ehrenamt stellt besonders hohe Anforderungen an diejenigen, die es ausüben. Außerdem verlangt es ein besonderes Maß an Verantwortung. Deshalb ist für jeden, der aktiv in der ehrenamtlichen Seelsorge eingesetzt werden möchte, Begleitung notwendig. Diese Begleitung kann einzeln oder in der Gruppe geschehen.

Als sinnvoll und nützlich hat sich das Modell eines ehrenamtlichen Seelsorgekreises erwiesen. Dem Kreis gehören alle Personen an, die für eine bestimmte Seesorgeeinheit beauftragt wurden und sich aktiv im Einsatz befinden.

Geleitet wird der Kreis idealerweise von zwei Hauptamtlichen, die die Vergabe der Einsätze koordinieren, den Überblick über die bestehenden Seelsorgebeziehungen behalten, die monatlichen Treffen planen und organisieren, dort Verbatim-Besprechungen anleiten und Fortbildungen organisieren und durchführen.

Einmal monatlich trifft sich der Kreis. Im Laufe eines Jahres sollte jedes Mitglied des Seelsorgekreises mindestens ein Verbatim vorstellen, das in der Gruppe besprochen wird. Mindestens zweimal im Jahr sollte das Treffen für eine Fortbildung oder die Auffrischung der Kenntnisse aus der Ausbildung genutzt werden. Bei spontan auftretenden besonderen Situationen steht die Leitung des Seelsorgekreises als Ansprechpartner*innen zur Verfügung. Interessante (auch: komplizierte oder schwierige) Entwicklungen können im Kreis besprochen und mittels kollegialer Beratung gemeinsam bearbeitet und weiterentwickelt werden.

Über die Notwendigkeit und den Nutzen der Ausbildung Ehrenamtlicher in Seelsorge haben wir in diesem Buch ja bereits genug geschrieben und um die Begleitung der Ehrenamtlichen wird es im Kapitel »Umsetzungshilfen zur Seelsorgegruppe« gehen. Ich möchte aber an dieser Stelle ein paar Sätze zur kirchlichen Beauftragung sagen.

Durch die Beauftragung durch die jeweilige Autorität – sprich: durch die Leitung einer Seelsorgeeinheit, einer Gemeinde, der Senioren- oder Krankenseelsorge u. Ä. – kommt für mich ein ganz grundsätzlicher Gedanke zum Ausdruck. Der Auftrag, sich einander zuzuwenden, einander Seelsorgende zu sein, betrifft zunächst alle Christinnen und Christen eines Ortes. Wie aber schon Paulus erkannte, kann nicht jedes Mitglied einer Gemeinschaft alles und muss es auch gar nicht können. Wir kennen alle das Bild von einem Leib mit den vielen Gliedern und den unterschiedlichen Gnadengaben (vgl. 1 Kor 12).

Die Menschen, die sich also in der Caritas, in der Liturgie, in vielen, vielen anderen Bereichen oder eben in der Seelsorge engagieren, tun dies nicht nur aus einer individuellen Berufung heraus; sie tun es auch für die Gemeinschaft und in deren Auftrag, damit nicht alle alles tun und können müssen. Dieser Zusammenhang kommt für mich in der Beauftragung der ehrenamtlich Seelsorgenden durch die Leitung und im Namen der gesamten Gemeinschaft zum Ausdruck – noch vor allen Fragen der Hierarchie, der Qualitätssicherung und der Zuschreibung und Abgrenzung von Verantwortlichkeiten. Und deshalb sollte meiner Meinung nach diese Beauftragung auch zwingend öffentlich und im Rahmen einer gottesdienstlichen Feier geschehen.

Als Beispiel für die gelungene Anbindung über einen Seelsorgekreis wird im Teil IV (Umsetzungshilfen) im Kapitel 15 der Seelsorgekreis in Holzkirchen vorgestellt.

IV. Umsetzungshilfen

14. Umsetzungshilfen zum Ausbildungskurs

Kursankündigung

Bewährt hat sich die Ankündigung eines neuen Kurses etwa ein halbes Jahr vor Kursbeginn. Einem Ankündigungsflyer kann man Kursinhalte und geplante Kurstermine entnehmen, sodass Interessenten den ungefähren Aufwand abschätzen und die Teilnahme zeitlich einplanen können. Außerdem wird im Flyer ein Auswahlabend angekündigt, an dem es nähere Informationen zum Kurs und zur Kursanmeldung gibt.

Beispiel für einen Kursflyer

siehe nächste Doppelseite!

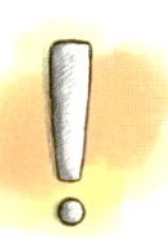

Auswahlabend und Kursanmeldung

Der Auswahlabend kann grundsätzlich ohne Voranmeldung besucht werden, sodass auch Kurzentschlossene nicht ausgeschlossen sind. Sinnvoll ist es jedoch, den Auswahlabend als obligatorischen Einstieg in den Kurs zu bewerben. Das bedeutet, dass jeder, der am Kurs teilnehmen möchte, bei diesem Abend gewesen sein sollte. Umgekehrt verpflichtet sich aber niemand bereits mit dem Besuch des Auswahlabends, am Kurs teilzunehmen. Falls jemand am Auswahlabend nicht teilnehmen kann, obwohl alle Kurstermine sonst möglich wären, kann die Kursleitung natürlich diese Person auch in einem Einzelgespräch über den Kurs informieren. Insgesamt ist es aber wichtig, dass die Interessenten alle nötigen grundlegenden Informationen zum Kurs – z. B. bezüglich unserer Arbeitsweise, der Kursgestaltung und der von uns verwendeten Methoden – vorab erhalten. Wir sagen unseren Interessentinnen:

Auswahltag

Mittwoch, 09.11.2022, 20:00 – 22:00 Uhr
Der Auswahltag ist Voraussetzung für die Teilnahme am Kurs.
Regens Wagner Erlkam
Verwaltungsgebäude, 2. Stock
Erlkam 15, 83607 Holzkirchen

Zeitlicher Ablauf

Kurs:

Der Kurs findet an 4 Samstagen, jeweils von 9:00 – 17:00 Uhr und an 6 Abenden von 18:00 – 22:00 Uhr statt.

Kurstermine:

1. Ausbildungstag	14.01.2023
2. Ausbildungstag	11.02.2023
3. Ausbildungstag	11.03.2023
1. Ausbildungsabend	22.03.2023
2. Ausbildungsabend	19.04.2023
3. Ausbildungsabend	03.05.2023
4. Ausbildungsabend	24.05.2023
5. Ausbildungsabend	14.06.2023
6. Ausbildungsabend	05.07.2023
4. Ausbildungstag	15.07.2023

Praktikum:

Begleitend zu den Kursabenden wöchentlich ca. 1 – 2 Stunden von April bis Juni 2023

Veranstalter

Pastoral-psychologische Bildung (KSA) der Erzdiözese München und Freising in Kooperation mit

- Pfarrverband Holzkirchen-Warngau
- Pfarrverband Feldkirchen-Höhenrain-Laus
- Ev.-luth. Kirchengemeinde Bruckmühl / Feldkirchen-Westerham
- Pfarrverband Bruckmühl und Pfarrverband Heufeld-Weihenlinden
- Regens Wagner Erlkam

Anmeldung und Kontakt

Harald Petersen
Tel. 01 51 / 16 47 64 90
HPetersen@ebmuc.de

Impressum

Erzdiözese München und Freising (KdöR)
vertreten durch das Erzbischöfliche Ordinariat München
Generalvikar Christoph Klingan
Kapellenstraße 4, 80333 München

Verantwortlich für den Inhalt: Ressort Personal, Pastoralpsychologische Bildung, KSA

Realisierung des Produkts mit der Stabsstelle Kommunikation, Visuelle Kommunikation

Bildnachweis: shutterstock (Antonina Tsyganko), Harald Petersen (Fotografin: Jelena Moro), Sabine Lutje (privat)
Druck: www.sasdruck.de
Papier: enviro®ahead, hergestellt aus 100 % Altpapier, FSC®-zertifiziert

UID-Nummer: DE811510756

Ausbildungskurs für ehrenamtliche Mitarbeiter/-innen in der Seelsorge

Januar bis Juli 2023

PFARRVERBAND FELDKIRCHEN HÖHENRAIN LAUS

Was wir anbieten

Eine Ausbildung für Ehrenamtliche, die lernen wollen, Menschen zu besuchen und sie seelsorglich zu begleiten.

Die Kursteilnahme soll

- denen, die sich darauf einlassen, einen persönlichen Gewinn bringen und so ihrer Persönlichkeitsentwicklung dienen.
- einen Freiraum bieten, sich in den eigenen Fähigkeiten zur Kommunikation und Begleitung auszuprobieren.
- auf eine ehrenamtliche Tätigkeit in der Seelsorge vorbereiten.

Am Ende des Kurses wird gemeinsam mit den Verantwortlichen vor Ort über einen ehrenamtlichen Einsatz in der Seelsorge entschieden.

Wie wir arbeiten

Die Kursarbeit geschieht durch

- theoretische Einführungen
- praktische Übungen
- Besprechung von Gesprächsprotokollen (Verbatim)
- Arbeit an der eigenen Person
- Praktikum in der Pfarrgemeinde oder einer sozialen Einrichtung
- Begleitung durch bereits ausgebildete Ehrenamtliche

Was Sie mitbringen

Die Bereitschaft zur

- regelmäßigen und verbindlichen Teilnahme an den Ausbildungstagen und -abenden und am Praktikum
- Anfertigung eines Gesprächsprotokolls (Verbatim)
- Auseinandersetzung mit dem eigenen Glauben

Was auf Sie zukommt

Sie werden in diesem Kurs etwas lernen über

- menschliches Verhalten und Fühlen
- seelsorgliche Gesprächsführung
- pastoralpsychologische Grundkenntnisse
- aufsuchende Seelsorge
- Umgang mit Krisensituationen
- Altwerden und Leben im Alter
- Leben mit geistigem und/oder körperlichem Assistenzbedarf
- Umgang mit Sterben, Tod und Trauer
- trauma- und demenzsensible Seelsorge
- und am meisten über sich selbst.

Kursleitung

Harald Petersen
Pastoralreferent
Supervisor i.A. (DGfP/KSA)
Leitung der Seniorenpastoral im Landkreis Miesbach

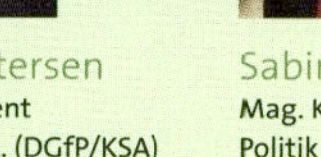

Sabine Lutje
Mag. Kommunikation, Politik und Psychologie,
Seelsorgebeauftragte
Regens Wagner Erlkam

Erst wenn Sie alle wichtigen Fakten kennen, entscheiden Sie, ob Sie sich zum Kurs anmelden möchten. Die Anmeldung inklusive Motivationsschreiben soll bis zu einem Anmeldeschlussdatum an ein Mitglied der künftigen Kursleitung gemailt werden. Die optimale Kursstärke umfasst sechs bis acht Personen. Optimalerweise kann der Kurs anhand der eingehenden Anmeldungen zusammengestellt werden.

Es empfiehlt sich, bereits am Auswahlabend darauf hinzuweisen, dass es mindestens fünf und höchstens zehn Teilnehmende in diesem Lehrgang geben wird. Das bedeutet einerseits, dass der Kurs mit weniger als fünf Personen nicht stattfinden kann und deshalb gegebenenfalls nach Ablauf der Anmeldefrist von der Kursleitung abgesagt wird. Es bedeutet aber auch, dass die Ausbildung mit mehr als zehn Teilnehmenden überfüllt wäre, weil dann eine intensive und individuelle Begleitung, wie wir sie anstreben, nicht mehr möglich ist. Und daraus folgt dann eine unangenehme Pflicht für die Kursleitung: Wir müssen nämlich manchen Kursbewerberinnen absagen.

Wenn wir aus einem größeren Bewerberinnenkreis auswählen müssen, dann entscheiden wir nach Kriterien, die uns die Zusammenstellung einer bestmöglich ausgewogenen Kursgruppe ermöglicht. Das hat absolut nichts mit dem Grad der Wertschätzung einzelnen Bewerberinnen gegenüber zu tun! Diese Tatsache sollte am Auswahlabend erwähnt werden, damit es später nicht zu Missverständnissen kommt.

Nach Ablauf der Anmeldefrist wird jede Bewerberin einzeln darüber informiert, ob der Kurs zustande kommt und ob sie einen Platz im Kurs gefunden hat. Es kann auch sein, dass die Kursleiterinnen anhand des Motivationsschreibens den Eindruck bekommen haben, dass die Ausbildung zumindest zum jetzigen Zeitpunkt für die Bewerberin nicht passend ist, z. B. weil diese gerade einen Schicksalsschlag zu verkraften hat oder bereits in einem anderen Bereich so stark gefordert ist, dass so ein intensiver Lehrgang jetzt nicht zu empfehlen ist. In diesem Fall suchen wir das persönliche Gespräch mit der Bewerberin, um gemeinsam herauszufinden, ob die Bedenken begründet sind und ob eventuell eine erneute Bewerbung zu einem späteren Zeitpunkt sinnvoller ist.

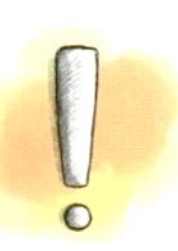

Bewerbung zum Ausbildungskurs

Leitfragen zur Bewerbung (nicht schriftlich)

Die folgenden Leitfragen sollen Ihnen zur Orientierung dienen. Sie sind keine Checkliste, sondern sollen Ihnen helfen, eine überlegte Entscheidung treffen zu können.

- Haben Sie die Zustimmung Ihres familiären Umfeldes und die nötigen Freiräume?
- Haben Sie eine tolerante religiöse Einstellung und Weltanschauung, Kontakt zu Menschen anderer Religionen oder nichtreligiösen Menschen?
- Wie sind Sie selbst in der Kirche und der Gemeinde verwurzelt? Welche Rolle spielt der Glaube in Ihrem Leben?
- Haben Sie Sensibilität, Einfühlungsvermögen und die Fähigkeit, sich zurücknehmen zu können?
- Haben Sie die Fähigkeit zur Abgrenzung, kommunikative Fähigkeiten, Teamfähigkeit, Wahrnehmungsfähigkeit und Verschwiegenheit?
- Sind Sie bereit, sich für andere Menschen in schwierigen Lebensphasen aktiv und zuverlässig zu engagieren?
- Sind sie bereit, sich auf neue Situationen und Menschen einzulassen?
- Sind sie bereit, aus eigener Erfahrung und aus den Erfahrungen anderer zu lernen?

Das Motivationsschreiben (schriftlich)

- Das Motivationsschreiben sollte nicht länger als eine DIN-A4-Seite sein.
- Das Motivationsschreiben ist bereits Teil des Kurses und soll Sie zu einer ersten Reflexion anregen.
- Das Schreiben wird im Kurs nicht veröffentlich und nur von der Kursleitung gelesen.

Die Bewerbung

- Die Bewerbung besteht aus der Anmeldekarte, einem kurzen tabellarischen Lebenslauf und dem Motivationsschreiben, das nicht länger als eine Seite sein sollte.

Gestaltung der Kurstermine

Inhaltlich gibt es Kapitel, die unbedingt intensiv behandelt werden müssen, und solche, die ergänzend eingeführt werden können. Dazu kommen die Verbatim-Arbeit und das Praktikum.

Da die Ausbildung berufsbegleitend für Ehrenamtliche stattfindet, kommen grundsätzlich Samstage und Abende an Wochentagen in Frage. Der zeitliche Aufwand ist so konzipiert, dass der Kurs neben einem Leben voller Beruf, Familie und anderen Verpflichtungen oder Interessen Platz finden kann. Allerdings bedeutet das auch, dass möglichst kein Termin für die Teilnehmenden ausfallen sollte. Samstage bieten die Möglichkeit, über mehrere Stunden intensiv an Themen zu arbeiten. Allerdings kann man dafür aus Gründen der sozialen Verträglichkeit nicht zu viele Samstage nacheinander unterbringen. Abende bieten insgesamt weniger Zeit, dafür kann man Kurstermine in kürzerer Folge unterbringen.

Für uns hat sich als verträglichste Variante ein Schema herausgestellt, bei dem die obligatorischen Themen aus Teil I Raum in drei Kurssamstagen finden, die jeweils mit ca. drei bis vier Wochen Abstand stattfinden. Zu Beginn der Praktikumsphase wechseln wir dann auf Kursabende, an denen jeweils im 14-tägigen Modus Verbatims besprochen und weitere Themen behandelt werden. Die Besuche des Praktikums finden parallel dazu statt und werden von den Teilnehmerinnen selbständig vereinbart. Die Besprechung der Abschlussberichte findet dann wiederum an einem Samstag statt. Weil Menschen verschiedenster Altersstufen an den Kursen teilnehmen – also auch solche, die schulpflichtige Kinder haben – legen wir die Termine außerhalb der Schulferien.

An den vier Samstagen läuft der Kurs von 9.00 bis 17.00 Uhr (unterbrochen von einer Mittagspause), während der Kurs an den Abenden von 18.00 bis 22.00 Uhr stattfindet.

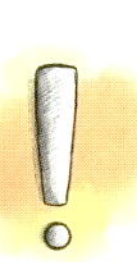

Kursablauf

Grundstruktur des Kurses

- 3 Kurstage (je 6 Arbeitseinheiten (AE) à 45 min)
- 6 Kursabende (je 4 AE)
- 1 Kurstag (6 AE)
- ab der Mitte des Kurses Praktikum in einer sozialen Einrichtung (etwa 1–2 Stunden pro Woche plus Mentorinnengespräch)

Grundstruktur der Kurstage und -abende

- spiritueller Impuls
- Anfangsrunde (Wie bin ich heute hier? Was ist vom letzten Treffen noch offen?)
- Arbeitseinheiten
- dazwischen ausreichend Pausen
- Abschlussrunde (Wie gehe ich jetzt nach Hause?)

Beispiel für einen Kursablauf

1. Kurstag (Einführungstag)

09.00 Uhr Spiritueller Impuls (beim ersten Treffen durch die Kursleitung)

09.10 Uhr Vorstellung Kursleitung und Vorstellungs- und Anfangsrunde (Name, Wohnort und Pfarrei bzw. Gemeinde, wie bin ich jetzt da?)

09.25 Uhr Biografiearbeit (Bild übers Leben malen mit wichtigen Stationen, Highlights, Krisen, Weichenstellung)

10.00 Uhr Bildbesprechungen (dazwischen kurze Pausen)
1 Minute: stille Bildbetrachtung
4 Minuten: freies Assoziieren (Gefühle, Gedanken, wie wirkt es?, beschreibend, nicht interpretierend)
10 Minuten: Verfasserin/ Künstlerin erzählt
10 Minuten: Feedback/ Rückfragen

12.30 Uhr	Mittagspause
14.00 Uhr	Bildbesprechungen (dazwischen kurze Pausen)
16.30 Uhr	Abschlussrunde
17.00 Uhr	Ende

2. Kurstag

09.00 Uhr	Spiritueller Impuls (ab jetzt durch die Teilnehmenden)
09.15 Uhr	Anfangsrunde
09.30 Uhr	Haltungsziel erarbeiten nach ZRM
11.00 Uhr	Pause
11.15 Uhr	Reflexion und Feedback
11.45 Uhr	Vorstellen der vorläufigen Haltungsziele in Kleingruppen mit Feedback durch die Gruppe
12.30 Uhr	Mittagspause
14.00 Uhr	Endgültiges Haltungsziel formulieren
14.20 Uhr	Haltungsziel im Plenum vorlesen
14.30 Uhr	Theorie: Kommunikation
15.30 Uhr	Pause
15.45 Uhr	Übung: Gesprächssequenzen werden in Kleingruppen analysiert
16.45 Uhr	Abschlussrunde
17.00 Uhr	Ende

3. Kurstag

09.00 Uhr	Spiritueller Impuls
09.15 Uhr	Anfangsrunde
09.30 Uhr	Übung: Landkarte der Gefühle
10.00 Uhr	Theorie: Vorstellung der Grundgefühle
10.30 Uhr	Pause
10.45 Uhr	Gruppengespräch: Umgang mit Gefühlen
11.00 Uhr	Theorie: Verschiedene Aspekte von Gefühlen; Gefühle im Seelsorgegespräch; Übertragung und Gegenübertragung
12.30 Uhr	Mittagspause
14.00 Uhr	Übung: Gefühl in Gesprächen entdecken und benennen
15.00 Uhr	Pause

15.30 Uhr Das seelsorgliche Gespräch
16.45 Uhr Abschlussrunde
17.00 Uhr Ende

1. Kursabend

18.00 Uhr Spiritueller Impuls
18.15 Uhr Anfangsrunde
18.30 Uhr Einführung ins Gesprächsprotokoll (Verbatim) und Terminvergabe der Verbatim-Besprechungen
19.00 Uhr Theorie und Übung: Der Anfang eines Besuches
19.45 Uhr Pause
20.00 Uhr Organisation und Vergabe der Praktikumsplätze; Vorstellung Mentoren- und Tutorenprogramm
21.45 Uhr Abschlussrunde
22.00 Uhr Ende

2.–6. Kursabend

18.00 Uhr Spiritueller Impuls
18.15 Uhr Anfangsrunde
18.30 Uhr Theorie und Übung
19.45 Uhr Pause
20.00 Uhr Verbatim-Besprechung (in Groß- und Kleingruppe)
21.45 Uhr Abschlussrunde
22.00 Uhr Ende

4. Kurstag

09.00 Uhr Spiritueller Impuls
09.15 Uhr Anfangsrunde
09.30 Uhr Einführung in die Abschlussberichte
09.45 Uhr Abschlussberichte (dazwischen kurze Pausen)
12.30 Uhr Mittagspause
14.30 Uhr Abschlussberichte (dazwischen kurze Pausen)
16.30 Uhr Ausblick: Wie kann es nach dem Kurs weitergehen?
16.45 Uhr Abschlussrunde
17.00 Uhr Ende

15. Umsetzungshilfen zur Seelsorgegruppe

Die Seelsorgegruppe in einer Gemeinde

Zunächst eine kurze Begriffsklärung: Wenn wir im Folgenden von Gemeinde reden, dann sind wir uns der Tatsache durchaus bewusst, dass Seelsorge – weder in den beiden großen Kirchen noch in anderen kirchlichen Gemeinschaften – heute noch in Einzelgemeinden bzw. Pfarreien organisiert wird. Nur gibt es weder konfessionell noch überkonfessionell eine gemeinsame Sprachregelung, die die doch sehr unterschiedlichen Arten der Verbünde, Zusammenschlüsse und Kooperationen mehrerer Seelsorgeeinheiten benennen würde.

Alle Begriffe wie »Pfarrverband«, »Kirchspiel«, »Pfarreiengemeinschaft«, »Seelsorge im Sozialraum« und viele mehr sind Binnenbegriffe, die bereits in der Nachbardiözese bzw. Nachbarlandeskirche nicht gebräuchlich sind. Wir benutzen deshalb einheitlich den Begriff »Gemeinde«. Dieser Begriff scheint uns überkonfessionell verständlich und wir verstehen ihn als Sammelbegriff für alle Konstrukte, in denen Seelsorge organisiert wird.

Nun aber zu den ehrenamtlich Seelsorgenden als besondere Gruppe innerhalb einer Gemeinde. Soziologisch betrachtet stellen die in einer Seelsorgegruppe oder einem Seelsorgekreis organisierten Ehren- und Hauptamtlichen ein Subsystem im System Gemeinde dar. Im Fachjargon der Soziologie heißt das: eine Primärgruppe innerhalb einer größeren Sekundärgruppe.

Damit soll gesagt sein, dass laut der Gruppentheorie nicht nur die einzelnen Mitglieder der Seelsorgegruppe miteinander im Austausch stehen, sondern auch die Seelsorgegruppe (Primärgruppe) steht im Austausch mit ihrer Umwelt, eben ihrer Gemeinde (Sekundärgruppe).[63] Oder, um es etwas phrasenhaft zu sagen: Die Gemeinde »macht etwas« mit der Seelsorgegruppe und die Seelsorgegruppe »macht etwas« mit der Gemeinde.

Gegenüber anderen kirchlichen und gemeindlichen Gruppen fällt vor allem das starke Wir-Gefühl der ehrenamtlich Seelsorgenden, die offene Kommunikation innerhalb der Gruppe und die vertrauensvolle Atmosphäre auf. Daraus resultiert sicher auch der Eindruck des »Andersseins«, das Mitglieder der Seelsorgegruppe immer wieder äußern.

- Im Laufe des Kurses war es sehr schön, diejenigen, die ich schon aus anderen Gremien kannte, nochmal ganz anders zu erleben und viel besser kennenzulernen.
- Es waren alle miteinander vertraut und es wurde über vieles gesprochen, was sonst nie zur Sprache kommt. Es gibt sonst dafür keine wirkliche Gelegenheit und es ist auch nicht für alle Ohren bestimmt. Die Gruppe war ein geschützter Raum, in dem alles Platz hatte und auch Platz haben durfte.

Natürlich kann dieser große Zusammenhalt auch Nachteile haben, nämlich dann, wenn Gruppenmitglieder mit Unsicherheit, Angst oder Ärger auf Veränderungen wie z. B. neue Mitglieder oder Veränderungen in der Leitung der Gruppe reagieren.

An dieser Stelle ist die Leitung der Seelsorgegruppe gefragt, auftretende Gruppenprozesse und -dynamiken zu erkennen, offenzulegen und anzusprechen. Das Lernen in, an und mit der Gruppe geht an dieser Stelle nahtlos weiter und kann verhindern, dass die Gruppe in sich »erstarrt« und unveränderlich wird. Gerade in dieser bewussten Auseinandersetzung mit Veränderungsprozessen können die Gruppe und ihre Mitglieder wachsen, sich weiterentwickeln und ihre Innovationskraft auch nach außen behalten.

63 Vgl. Hermann Steinkamp: Die Gruppe als Ort gemeindlicher Glaubenserfahrung. In: Isidor Baumgartner (Hrsg.): Handbuch der Pastoralpsychologie, Regensburg 1990, Seiten 297–302, hier Seite 288.

Dass sich die bereits bestehenden Seelsorgegruppen und -kreise ihre Fähigkeit zur Veränderung weitestgehend bewahrt haben, ist in meinen Augen eine ihrer größten Leistungen. Bedeutet es doch für die Gruppenmitglieder, sich immer wieder aktiv für die Gruppe zu entscheiden und ebenso, dass auch das Pausieren oder Ausscheiden aus der Gruppe eine echte Option sein kann.

Besonders im kirchlichen Kontext, in dem es oft an »Exitstrategien« fehlt und (Ehren-)Ämter oft über viele Jahre, manchmal Jahrzehnte ausgeübt werden, sehe ich hier eine echte Stärke. Wer in einer sich verändernden und entwickelnden Gruppe bestehen will, muss selbst bereit sein, sich zu verändern und sich immer wieder neu zu integrieren.

Auch darin kann die Seelsorgegruppe für ihre Gemeinde »Vorbildfunktion« haben – oder sagen wir vielleicht lieber: ein Best-Practice-Beispiel sein. Die in der Seelsorge ausgebildeten Ehrenamtlichen sind gewohnt, sich zu verändern, Konflikte offen auszutragen oder auch auszuhalten sowie Denkgewohnheiten und Überzeugungen zu hinterfragen. In Zeiten der vielen anstehenden und notwendigen Veränderungen in den Kirchen ist das sicher kein Schaden.

Der Seelsorgekreis im Pfarrverband Holzkirchen-Warngau als konkretes Beispiel

Zusammensetzung und Umfang

Der Seelsorgekreis in Holzkirchen entstand 2015 mit den Absolventinnen des ersten Ausbildungslehrgangs in ehrenamtlicher Gemeindeseelsorge. Damals waren das sieben Frauen und ein Mann. 2023 umfasst die Gruppe 18 Mitglieder, darunter immerhin ein Mann. Dieses Geschlechterverhältnis trifft in etwa auch auf die Zusammensetzung der Kurse zu. Dazu kommt ein Leitungsteam, bestehend aus zwei Hauptamtlichen, derzeit mit einer Frau und einem Mann besetzt.

Aktives Mitglied

Diese Mitglieder betreiben ehrenamtliche Seelsorge. Sie führen Einzelgespräche mit Menschen, die ein Gespräch anfragen, betreiben aber auch aufsuchende Seelsorge in sozialen Einrichtungen, manchmal in Form einzelner Krisengespräche, manchmal in Form länger dauernder Begleitungen z. B. in Trauerphasen. Art und Intensität ihrer seelsorglichen Einsätze planen sie selbst. Ihre Einsatzfähigkeit und methodische Sicherheit schärfen die aktiven Mitglieder durch die regelmäßige Teilnahme an den Seelsorgetreffen. Im Bedarfsfall können sie sich jederzeit an die Leitung des Seelsorgekreises wenden und sich auch kollegiale Beratung im Seelsorgekreis holen.

Ehemaliges Mitglied

Manchmal ändern sich die Lebensumstände so, dass kein Platz mehr für seelsorgliche Einsätze bleibt. Dann muss es ohne große Umstände auch möglich sein, sich aus dem Seelsorgekreis zurückzuziehen. Seit Bestehen des Seelsorgekreises haben einzelne Mitglieder uns wieder verlassen, weil sie weggezogen sind oder durch gesundheitliche Einschränkungen stärker auf sich selber achten mussten. Wir haben sie mit Bedauern, aber auch mit guten Wünschen für ihren nächsten Lebensabschnitt ziehen lassen.

Passives Mitglied (Standby-Modus)

Für manche Mitglieder hat sich auch eine Veränderung der Lebensumstände ergeben, die voraussichtlich vorübergehender Natur ist, z. B. durch verstärkte Beanspruchung im Beruf oder durch plötzlich erforderliche Pflegeaufgaben im familiären Umfeld. Diese Mitglieder können für längere Zeit keinen Seelsorgeauftrag annehmen und brauchen dafür auch nicht mit den regelmäßigen Treffen »fit« gehalten zu werden. Trotzdem möchten sie methodisch auf dem Laufenden bleiben. Deshalb nehmen die Standby-Mitglieder nur an den Treffen mit einer fachlichen Fortbildung teil.

Planung des »Seelsorgejahres«

Im September beginnt jeweils das neue »Seelsorgejahr«. In den Wochen vor dem ersten Treffen führen die Mitglieder mit einem Mitglied der Leitung des Seelsorgekreises einzelne »Jahresgespräche«. In diesen Gesprächen wird geklärt, welchen Modus die Mitglieder für das kommende Jahr für sich sehen, ob sie etwas Bestimmtes vom Seelsorgekreis brauchen und wie ihre Einsätze sich gestalten bzw. im neuen Seelsorgejahr gestalten sollten.

Einmal pro Monat findet ein Treffen des Seelsorgekreises statt. Zwei dieser Treffen sind pro Seelsorgejahr der Fortbildung vorbehalten. Auf Wunsch des Kreises planen wir einmal pro Jahr ein Samstagstreffen als Teambuilding-Maßnahme ein. Im August findet kein Treffen statt. Die Zeit soll vielmehr zur Selbstreflexion für das Jahresgespräch und als Verschnauf- und Denkpause genutzt werden.

Akquise und Auftragsklärung

Wir arbeiten mit dem hauptamtlichen Seelsorgeteam der Gemeinde zusammen. Sollte z. B. bei einem Trauergespräch der Bedarf an weiterer Seelsorge auffallen, wird von den Hauptamtlichen der Seelsorgekreis eingeschaltet. Außerdem gibt es eine besondere Servicenummer, unter der im Pfarrbüro Seelsorge angefragt werden kann. Je mehr im privaten Umfeld der Gemeindemitglieder das Seelsorgeangebot durch den ehrenamtlichen Seelsorgekreis bekannt wird, desto mehr Anfragen gibt es.

Die besondere Qualität dieses Seelsorgekreises fußt auch auf der wertschätzenden Einbindung in hauptamtliche Strukturen! Diese Einbindung erschöpft sich nicht darin, dass unser Pfarradministrator als Hauptverantwortlicher für die Seelsorge die jeweils neuen Seelsorgerinnen in einer Hl. Messe beauftragt und der Kirchengemeinde vorstellt. Sie setzt sich auch darin fort, dass wir uns insgesamt als ein Team aus haupt- und ehrenamtlich Seelsorgenden verstehen. Die Leiterin und der Leiter des Seelsorgekreises gehören zum hauptamtlichen Kirchengemeindeteam und halten den Seelsorgekreis dadurch auch in den Dienstgesprächen präsent. Wir arbeiten an einer guten Abstimmung, damit wir als Team für die Menschen da sein können. Unsere ehrenamtlich Seelsorgenden bringen fachliche Expertise, praktische Erfahrungen und viel Herzblut mit und erhalten im Gegenzug die Möglichkeit zur Entfaltung, regelmäßige Fortbildungen und kollegiale sowie supervisorische Begleitung. All das trägt zu einem reichen Gemeindeleben bei.

Beispiel für einen Seelsorgeflyer

siehe nächste Doppelseite

Beispiel für eine Seelsorgevisitenkarte

So erreichen Sie uns:

...
...
...

Was wir Ihnen anbieten möchten:

SEELSORGE HAT DEN MENSCHEN IM BLICK.
Das Angebot DA zu SEIN, ist für uns Kern jeder individuellen Begleitung.
Wir Seelsorgende begegnen Ihnen deshalb mit grundsätzlichem Interesse und ebensolcher Offenheit für Ihre Fragen, Probleme und Bedürfnisse. Wir kommen gerne zu einem ersten Besuch zu Ihnen oder beraten Sie telefonisch zu unserem seelsorglichen Angebot.

Gott spricht:

Seelsorge

Im Einzelnen bieten wir Ihnen:

Seelsorgliche Besuche und Begleitung
Krankenbesuche
Feier der Krankensakramente
Krankensegen
Krankenkommunion
Krankensalbung
Beichte
Sterbe- und Trauerbegleitung.

Wie wir Seelsorge verstehen

Seelsorge hat den Menschen im Blick. Wir Seelsorgende begegnen Ihnen deshalb mit grundsätzlichem Interesse und ebensolcher Offenheit für Ihre Fragen, Probleme und Bedürfnisse.

Wir versuchen zusammen mit Ihnen, Ihren Angehörigen und Pflegenden zu entdecken, was Ihr Leben trägt, kräftigt und erfreut – auch dann, wenn sich Ihre Lebensbedingungen verändern sollten.

Wir Seelsorgende achten Ihre Spiritualität, Religiosität und Ihren persönlichen Glauben. Wir versuchen, diese nach Möglichkeit zu stützen und zu stärken. Dabei bringt jeder Seelsorgende auf seine persönliche Weise die eigene christliche Spiritualität ein.

Wie Sie uns erreichen können

Wir kommen gerne zu einem ersten Besuch zu Ihnen oder beraten Sie telefonisch zu unserem seelsorglichen Angebot.

Stellvertretend für das Team der Seelsorgenden:

Kontakt

...
...
...

...
...

»Ich bin da«

Seelsorge

Wer wird Sie begleiten

Die Begleitung geschieht Hand in Hand durch das Team der hauptamtlich Seelsorgenden im Pfarrverband und durch ehrenamtlich Seelsorgende in unseren Pfarreien.

Die ehrenamtlich Seelsorgenden werden in einem halbjährigen Ausbildungskurs unter Leitung zweier Hautamtlicher theoretisch und praktisch für ihren Dienst vorbereitet und im Rahmen eines Gottesdienstes beauftragt.

In ihrer Seelsorge werden die Ehrenamtlichen durch die Hauptamtlichen unterstützt, begleitet und fortgebildet. Dies geschieht verpflichtend in Begleitgruppen und in persönlicher Beratung und Supervision.

Was wir Ihnen anbieten

Seelsorge geschieht im Gespräch, in Begleitung und Begegnung. Das Angebot da zu sein ist für uns Kern jeder spirituellen Begleitung.

Im einzelnen bieten wir Ihnen an:

- Seelsorgliche Besuche und Begleitungen
- Krankenbesuche
- Feier der Krankensakramente
    - Krankensegen
    - Krankenkommunion
    - Beichte
    - Krankensalbung
    - Versehgang
- Sterbe- und Trauerbegleitung
- Verabschiedungen und Aussegnungen

Wie wir unseren Auftrag verstehen

Seelsorge führt ihr Selbstverständnis und ihre Praxis auf einen Auftrag zurück, den sie sich nicht selbst gegeben hat.

Dieser Auftrag christlicher Seelsorge bedeutet vor allem die Zuwendung zu den kranken, pflegebedürftigen und sterbenden Menschen, gemäß dem Wort Jesu: »Ich bin krank gewesen und ihr habt micht besucht« (Matthäus 25,36).

Seelsorge ist ein Wesensmerkmal von Kirche und beruht auf

- der Heilszusage Gottes,
- dem Auftrag Jesu, die Kranken zu besuchen, und
- der Würde eines jeden Menschen.

16. Umsetzungshilfen zur Kursleitung

Das Konzept für die Ausbildung und Begleitung ehrenamtlicher Mitarbeiterinnen und Mitarbeiter in der Seelsorge der Pastoralpsychologischen Bildung (KSA) der Erzdiözese München und Freising definiert die Vorgaben und Anforderungen an Kursleitende bewusst relativ offen und niederschwellig.

Eine pastoralpsychologische Weiterbildung in Seelsorge (KSA), Supervision und Kursleitung ist nicht verpflichtend. Es hat sich aber als nützlich erwiesen, wenn mindestens eine Person in der Kursleitung eine dieser Ausbildungen oder Vergleichbares mitbringt.

Wichtigste Voraussetzung ist aber sicher die kontinuierliche Reflexion der eigenen seelsorglichen Praxis.

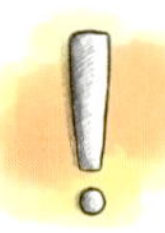

Kursleitung

Ein Ausbildungskurs für ehrenamtliche Mitarbeit in der Seelsorge wird von mindestens zwei erfahrenen hauptamtlichen Seelsorger*innen geleitet.

Es empfiehlt sich für die Kursleitung, für die Dauer des Kurses eine sogenannte Kontrollsupervision in Anspruch zu nehmen.[64]

Pastoralpsychologie lehren heißt Pastoralpsychologie lernen

Die Ausbildung ehrenamtlicher Mitarbeiter*innen in Seelsorge verändert nicht nur die Rolle der Ehrenamtlichen und hinterfragt die Rollen der Hauptamtlichen, sie führt auch eine neue Rolle ein: die Kursleitung.

64 Konzept für die Ausbildung und Begleitung ehrenamtlicher Mitarbeiterinnen und Mitarbeiter in der Seelsorge der Pastoralpsychologischen Bildung (KSA) der Erzdiözese München und Freising. Auf: https://arbeo.eomuc.de/fileadmin/user_upload/06_fuer_mitarbeiter/fortbildungen/pastoralpsycholgische_bildung/konzept_ausbildung_ehrenamtlicher.pdf, 29.08.23.

Im Folgenden werden wir einen kurzen Blick auf unser Selbstverständnis, das Kompetenzprofil und die Rollenzuordnung der Kursleitung werfen.

Um erfolgreich einen Ausbildungskurs für Ehrenamtliche zu leiten, braucht es aus unserer Sicht ein paar Voraussetzungen, die erfüllt sein sollten:

Kursleitung braucht Leitungsverantwortung

Die Aufgabe der Kursleitung bringt vor allem die Frage nach der eigenen Führungsrolle und dem eigenen Leitungsverständnis mit sich. So schreiben die deutschen Bischöfe: »Leitung in der Kirche ist eine Aufgabe, die die ganze Persönlichkeit in Anspruch nimmt. Wer leitet, muss an der eigenen Haltung und an seinen Fähigkeiten arbeiten ...«[65]

Das Schreiben nennt also zwei Bereiche, die für Leitung wichtig sind: die eigene Haltung und die entsprechenden Fähigkeiten.

Unter Haltung im Kontext der Ausbildung Ehrenamtlicher verstehen wir vor allem die Reflexion und Weiterentwicklung des eigenen Seelsorgeverständnisses. Eine pastoralpsychologische Weiterbildung in Seelsorge (KSA) oder eine vergleichbare Ausbildung der Kursleitenden ist zwar oft nicht verpflichtend, aus unserer Sicht aber eine grundsätzliche Voraussetzung für die Leitung von Kursen zur Ausbildung ehrenamtlicher Mitarbeiter*innen in Seelsorge.

Aber auch die Kursleitung selbst bietet – durch die regelmäßige kollegiale Beratung im Leitungsteam und die Kontrollsupervision – eine gute Möglichkeit zur Entwicklung der Arbeit an den eigenen seelsorglichen Fähigkeiten und Kompetenzen und der eigenen seelsorglichen Identität.

---

65 »Gemeinsam Kirche sein«. Wort der deutschen Bischöfe zur Erneuerung der Pastoral, hrsg. vom Sekretariat der Deutschen Bischofskonferenz, Bonn 2015, Nr. 5a), Seite 42.

So wie das Erlernen von Seelsorge hauptsächlich dadurch geschieht, im geschützten Rahmen des Kurses und des Praktikums das eigene Handeln zu reflektieren, so geschieht auch das Erlernen von (Kurs-)Leitung zu einem großen Teil durch das Leiten von Kursen.

Letzteres gilt auch für den Erwerb von Leitungskompetenzen wie Moderationstechniken, Methodenwissen und -kompetenzen, gruppendynamischen Kenntnissen und Erfahrungen, organisatorischen Kompetenzen u. v. m.

Vieler dieser Kompetenzen werden bereits in der jeweiligen kirchlichen Ausbildung für die hauptamtlich Seelsorgenden vermittelt. Andere müssen über entsprechende Fort- und Weiterbildungen oder über die Fachliteratur angeeignet werden.

Fest steht: Leitung braucht Fachlichkeit und Professionalität in den Bereichen Organisation, Pädagogik und Didaktik, in Psychologie und im methodischen Bereich. Dazu kommen dann die lebensgeschichtlichen Erfahrungen, spezifische Begabungen und nicht zuletzt die Charismen der Kursleitenden.

Leitung als Beziehungsgeschehen

Neben allen zu erwerbenden Fähigkeiten, Führungskompetenzen und Methodenwissen ist Kursleitung im Kern, ebenso wie Seelsorge, vor allem Beziehungsgeschehen.

Ob es zwischen den Kursteilnehmenden und den Kursleitenden »funkt«, ob sich die Kursteilnehmenden öffnen und ob der allem pastoralpsychologischen Erfahrungslernen zugrundeliegende Kontrakt zustande kommt, liegt maßgeblich an der Qualität dieser Beziehung.

Zum Glück machen wir immer wieder die Erfahrung, dass diese Beziehung oft von gegenseitiger Wertschätzung und Vertrauen geprägt ist:

- Ich habe mich bei beiden Kursleitern sehr gut aufgehoben gefühlt, sowohl beim Ausprobieren von Neuem als auch beim Wiederentdecken von bereits Bekanntem.
- Ausdrücklich und von Herzen danke ich [der Kursleitung] für die kompetente und einfühlsame Leitung und Begleitung. Ich habe viel Bestätigung und Wertschätzung erfahren.
- Ich fühle mich [durch die Kursleitung] in meiner Persönlichkeit wahrgenommen und respektiert.
- [Die Kursleiterin] ist nicht nur eine fachlich kompetente und strukturierte Kursleiterin (obwohl man diese Fähigkeiten gar nicht hoch genug schätzen kann!), sondern auch warmherzig und zugewandt im Umgang mit ihren »Kursschäfchen«.

Kursleitende brauchen also neben vielen anderen pastoralpsychologischen Kompetenzen vor allem die Fähigkeit, sich auf unterschiedliche Menschen einzulassen. Dazu gehört verlässliche, von Wertschätzung, Nähe und Distanz geprägte hilfreiche Beziehungen anzubieten und diese konstruktiv zu gestalten. In schwierigen Phasen des Kurses, in persönlichen Krisen und in Konflikten gilt es, diese Beziehungen verlässlich aufrechtzuerhalten und sie am Ende des Kurses wieder zu beenden.

Die Arbeit der Kursleitung besteht – neben der Vermittlung von Fachwissen – vor allem darin, Phänomene wie Gruppenprozesse, Übertragung und Gegenübertragung, Projektion, Widerstand und Abwehr an sich und den Teilnehmenden wahrzunehmen, sorgsam damit umzugehen und womöglich als Lernchance anzubieten.

- Anfangs hatte ich ehrlich Bedenken, ob ich mich auf [die Kursleiterin] einlassen kann. [...] Umso schöner waren für mich die Erfahrungen, dass auch erfahrene Seelsorger Menschen sind und dazu stehen.

Trotz alledem ist es wichtig, die Asymmetrie der Beziehung zwischen Kursleitung und Kursteilnehmenden nicht zu leugnen, sondern anzusprechen und verantwortungsvoll damit umzugehen.

- Meine Beziehung zur Kursleiterin blieb stets professionell distanziert. Sie war stets die Führung in all den Wochen der Ausbildung.

Um es mit einem etwas veralteten, aber immer noch aktuellen Wort aus der kirchlichen Tradition zu sagen: Die Beziehung zwischen Kursleitung und den Teilnehmenden muss von Keuschheit (oder auf Psychologisch: Abstinenz) geprägt sein, so wie sie Klaus Mertes versteht: »›Keuschheit‹ meint: Respekt vor der Intimsphäre, vor dem Lebensgeheimnis des anderen, auch vor dem Geheimnis seiner oder ihrer persönlichen Beziehung zu Gott; [...] Unkeuschheit dagegen ist Manipulation, interessegeleiteter Blick auf die andere Person, Übergehen von Schamgefühl, Ausnutzen von Unsicherheit, übergriffige Nähe.«[66]

Kompetente Kursleitung bewegt sich also auf dem schmalen Grat zwischen Offenheit und echtem Interesse am Gegenüber auf der einen Seite und dem Schutz der eigenen und der Intimsphäre der Teilnehmenden auf der anderen Seite.

- [Die Kursleiterin] war/ist einfach durch ihr Tun eine hervorragende Lehrmeisterin. Die Balance zwischen Nähe und Distanz zu uns/mir lehrt mich viel darüber, wie Seelsorge unter Wahrung der eigenen Bedürfnisse und mit Rücksicht auf die eigene Gesundheit auch für mich möglich sein könnte.

Die zukünftigen ehrenamtlich Seelsorgenden lernen also auch ein ausgewogenes Verhältnis von Nähe und Distanz am Beispiel der Beziehung zur Kursleitung.

Alles über die Wichtigkeit der Beziehungsgestaltung Gesagte gilt im besonderen Maße im Kontext der Gemeindeseelsorge, da diese Arbeit oft innerhalb eines weiten Beziehungsgeflechtes stattfindet.

66 Klaus Mertes: Monströse Unkeuschheit. Wie Priester zu Tätern wurden – eine Bilanz des Missbrauchs in der katholischen Kirche, veröffentlicht am 16.06.2013 unter: http://www.zeit.de/2013/24/mertes-priester-missbrauch/komplettansicht

Kommt zu den vielen Rollen, die Seelsorgende in einer Gemeinde innehaben – z. B. Gemeinde- und Verwaltungsleitung, Liturg*in, Katechet*in, Seelsorger*in u. v. m. – noch die Rolle der Kursleitung hinzu, wird das unweigerlich auch zu einer Veränderung der Beziehung zu den Ehrenamtlichen insgesamt führen. Dieses gilt es sich bewusstzumachen, zu reflektieren und zu gestalten.

Kursleitung braucht Teamarbeit

Wie beschrieben, stellt Kursleitung hohe Ansprüche an die seelsorglichen Kompetenzen, die Führungsqualitäten und die Beziehungsfähigkeit der Seelsorgenden vor Ort. Teamarbeit stellt in diesem Zusammenhang nicht nur die kollegiale Beratung, Reflexion und gegebenenfalls Korrektur sicher, sondern hilft im Kursgeschehen, sowohl den Überblick als auch den Blick auf die einzelnen Teilnehmenden zu behalten.

Die Beziehung der beiden Kursleitenden zueinander dient zudem als Folie für die im Kurs ablaufende Gruppendynamik, die virulenten Themen und die unbewussten Übertragungen und Gegenübertragungen. Es gilt der Grundsatz: Was die Leitung nicht klärt, klärt auch die Gruppe nicht. Oder positiv formuliert: Themen, die in der Leitung angesprochen, verhandelt und geklärt werden, können auch in der Gruppe gut bearbeitet werden.

Auch wenn eine paritätische Besetzung der Kursleitung von den meisten Rahmenkonzepten zur Ausbildung Ehrenamtlicher in Seelsorge nicht vorgeschrieben wird, halten wir sie doch für wünschenswert.

Es lohnt sich für alle Beteiligten, in das Leitungsteam, dem sie angehören, viel zu investieren! Nicht nur lässt sich das Gruppengeschehen besser wahrnehmen, würdigen und steuern, wenn die Kursleitenden gut kooperieren und ihre Perspektiven beitragen. Es verleiht dem Kurs als Ganzem auch die nötige Sicherheit für den Raum, in dem die Teilnehmerinnen sich ausprobieren. Wir haben schon öfter die Erfahrung gemacht, dass Teilnehmerinnen bei beiden Kursleitenden unabhängig voneinander bestimmte Einstellungen zu den Kursinhalten »abgecheckt« haben – nur um sicherzugehen, wie das alles gemeint ist und ob unsere Vorstellungen kompatibel sind ... Da ist es schon gut, wenn mein Kollege und ich uns vorher gut ausgetauscht haben und selber Klarheit über unsere jeweiligen Standpunkte besitzen.

Außerdem macht gemeinsame Kursleitung einfach so eine wahnsinnige Freude, wenn es uns gelingt, uns gegenseitig sozusagen die Bälle blind zuzuspielen! So viel Spielfreude auf einer guten Vertrauensbasis wirkt sich definitiv positiv auf die Stimmung in der Gruppe aus!

17. Umsetzungshilfen für Mentorinnen

Mit Beginn der zweiten Kurshälfte und der praktischen Ausbildung betritt neben der Kursgruppe und der Kursleitung eine weitere Personengruppe die sprichwörtliche Bühne. Es sind die Seelsorgenden, die in den Einrichtungen tätig sind, in denen die Praktika stattfinden.

Diese von uns als *Mentor*innen* bezeichneten Kolleginnen und Kollegen erfüllen wichtige Aufgaben. Sie stellen für die Dauer dieses Praktikums aus ihren Praxisfeldern für die Praktikantinnen einen überschaubaren Bereich zur Verfügung, führen die Praktikanteninnen in das Umfeld aus Einrichtungen, Stationen und Wohnbereichen ein und stellen die Praktikantinnen beim Personal vor.

Nach dieser Einführung beginnen die Praktikantinnen mit ihren regelmäßigen (ein- bis zweiwöchentlichen) Besuchen für die Dauer des Praktikums. Am Beginn, ungefähr in der Mitte des Praktikums und gegen Ende sind die Mentorinnen angehalten, Gespräche mit den Kursteilnehmenden zu führen. Der Schwerpunkt bei diesen Gesprächen soll vor allem auf den Erfahrungen liegen, die die Praktikantinnen bei ihren Besuchen machen.

In der ersten Phase der Begleitung durch das Praktikum liegt ein besonderer Fokus auf Anfang und Ende der Seelsorgegespräche. Im mittleren Teil kann es dann schon exemplarisch um bestimmte, gelungene oder als schwierig empfundene Gespräche gehen. Der Ausklang der Begleitung kann dann in der gemeinsamen Würdigung des Praktikums und in dessen Auswertung bestehen.

Auch die Zusammenarbeit zwischen Praktikantin und Mentorin ist in erster Linie Beziehungsarbeit und soll von einem wertschätzenden Lernklima geprägt sein. Gegenseitige Achtsamkeit, die im

Blick behält, dass jeder Mensch als Gottes Geschöpf in seiner Einmaligkeit eine besondere Würde hat, setzen wir als Grundhaltung voraus.

Davon soll vor allem auch eine Kultur der Kritik geprägt sein, die ein besonderes Augenmerk auf die Charismen, Fähigkeiten und Kompetenzen der Menschen legt und gemeinsam nach Wachstumspotenzialen und nach Wegen für deren Weiterentwicklung sucht.

Aufgrund ihrer Biografie sind viele Menschen, so auch Teilnehmerinnen der Ausbildung in Seelsorge, gewöhnt, tendenziell zu kritisch auf sich zu schauen und sich selbst eher zu verurteilen statt sich zu würdigen. An dieser Stelle sind die Mentorinnen besonders gefragt. Zum einen sollen die Praktikantinnen ihr seelsorgliches Handeln selbstkritisch reflektieren, zum anderen gilt es, auch Erfolge und positive Entwicklungen zu benennen und starkzumachen, die an sich selbst leicht übersehen werden.

Schließlich bietet sich im Austausch mit den Mentorinnen auch die Gelegenheit, das Kursgeschehen und die Beziehung zur Kursleitung zu thematisieren und eine Meinung von außen einzuholen.

Nachdem all das gesagt ist, können wir nur dringend dazu raten – auch wenn es nicht immer leicht ist, geeignete und motivierte Mentorinnen zu finden – größtmögliche Sorgfalt bei der Auswahl der Praktikumsstellen und der Mentorinnen walten zu lassen. Nach unserer Erfahrung sind es oft die Mentorinnen, die entscheidend zum Gelingen des Praktikums beitragen.

Als weiteren positiven Nebeneffekt lassen sich über die Rolle der Mentorin auch oft Kolleginnen für die Ausbildung Ehrenamtlicher in Seelsorge begeistern und motivieren, die (noch) keinen eigenen Kurs anbieten wollen oder können. Aus diesem Netzwerk an Multiplikatorinnen sind einige neue Kursleiterinnen hervorgegangen.

Und nicht zuletzt stärkt das Kennenlernen und die Zusammenarbeit zwischen den Ehrenamtlichen und den Mentorinnen auch das Vertrauensverhältnis für eine spätere Zusammenarbeit in den Einrichtungen.

Wenn ich meine Kolleginnen, die sich als Mentorinnen zur Verfügung gestellt haben, über »ihre« Praktikantinnen reden höre, dann spüre ich in ihren Aussagen viel Fürsorge und Verantwortungsbewusstsein, aber auch Respekt und Anerkennung gegenüber den Fähigkeiten und Entwicklungen der Ehrenamtlichen. Bedenken und Vorurteile begegnen mir eigentlich nur dort, wo noch nie ein echter Kontakt zu ehrenamtlich Seelsorgenden stattgefunden hat.

Wenn die grundsätzliche Eignung und Haltung stimmen, kann es sich also vielleicht auch lohnen, den einen oder anderen kritischen Geist als Mentorin anzufragen.

Epilog zum Dialog

Nun haben wir Sie mit auf die Reise durch eine Ausbildung für Ehrenamtliche in der Seelsorge genommen, die zusammengestellten und möglichst verdaulich gestalteten Inhalte gesichtet, aus der praktischen Umsetzung berichtet und Umsetzungshilfen zur Verfügung gestellt. Hoffentlich konnten wir auch vermitteln, wie bereichernd das Projekt »Ehrenamtliche in der Seelsorge« ist und wie sehr es zur Lebendigkeit einer Gemeinde beiträgt, wenn deren Mitglieder befähigt sind, sich mittels kompetenter Seelsorge umeinander zu kümmern! Oder biblisch gesprochen: »Einer trage des anderen Last; so werdet ihr das Gesetz Christi erfüllen« (Gal 6,2).

Abschließend möchten wir darauf hinweisen, dass wir für diese Ausbildung natürlich nicht das Rad neu erfunden, sondern unsere eigenen fachlichen Erfahrungen und Lebensweisheiten in eine Ausbildung eingebracht haben, die stark an die mehrfach erwähnte KSA-Ausbildung angelehnt wurde. Damit stehen wir bildlich gesprochen auf den Schultern der vielen Frauen und Männer, die vor uns Menschen in der Seelsorge ausgebildet haben, egal ob haupt- oder ehrenamtlich.

Wir selbst wurden durch Kurskonzepte beeinflusst, nach denen wir vielfältig ausgebildet wurden – universitär, in der beruflichen Bildung oder nach persönlicher Neigung auf private Initiative. Das Leben als Ganzes findet eben in einem Geflecht zahlloser Dialoge statt. Welch ein Schatz, auf dem da wir sitzen!

Wir danken allen Personen, die mit ihrem geistigen und sozialen Input Juwelen in unser »seelsorgerisches Schatzkästchen« gelegt haben und durch ihre Inspiration unsere Arbeit erst möglich gemacht haben!

Sollten wir Ideen und Konzepte aus diesem Schatzkästchen gezogen haben, die nicht von uns stammen, deren Quelle oder Herkunft wir aber nicht mehr zurückverfolgen konnten, bitten wir um Wohlwollen der Urheber*innen.

Und nun verabschieden wir uns mit einem letzten Dialog:

Am Ende dieses Textes angekommen zu sein, vermittelt mir dasselbe Gefühl, das mich am Ende eines Ausbildungskurses in ehrenamtlicher Seelsorge überkommt: Freude, eingebettet in den Zustand angenehmer, bereicherter Ermattung nach intensivem Durchgearbeitet-Haben … Tatsächlich geschieht in den Kursen viel mit den Teilnehmenden und ebenso mit der Kursleitung. Jede einzelne Person, die am Gruppengeschehen beteiligt ist, durchläuft einen transformatorischen Prozess.

Daran ist nichts Passives; das Kursgeschehen plätschert nicht einfach so vorbei, sondern fordert Offenheit, Selbstreflexion und ehrliche Konfrontation mit allem, was man bei sich und den anderen so findet. Das ist oft anstrengend und führt viele an ihre Grenzen. Aber es ist in aller Intensität unglaublich bereichernd und gibt durch die Freude am Entdecken und am Entdeckten so viel Wind unter die Flügel!

Ich wünsche Ihnen, dass die Stofffülle und die Größe der Aufgabe bei Ihnen kein »Tausendfüßler-Phänomen« hervorrufen, sodass Sie vor lauter Hinterfragen und Überlegen nicht mehr stolperfrei ins Tun kommen. Stattdessen wünsche ich Ihnen Folgendes:

- Sollten Sie mit dem Gedanken spielen, eine Ausbildung in ehrenamtlicher Seelsorge in Ihrer Gemeinde anzubieten oder einen ehrenamtlichen Seelsorgekreis aufzubauen, dann ganz entschieden ran an die Aufgabe! Auch als Kursverantwortliche, Kursleitung oder Leitung eines ehrenamtlichen Seelsorgekreises werden Sie immer wieder neu entdecken, welche ungeahnten Dimensionen dieses Projekt annehmen kann. Ja, das ist mitunter anstrengend. Vor allem aber verleiht es dem Gemeindeleben eine ganz besondere Qualität und Lebendigkeit. Trauen Sie sich, das Ziel ist aller Mühen wert!

- Alle, die selbst ehrenamtlich Seelsorgende werden möchten, bestärke ich darin, sich in einem der Kurse, die dezentral an verschiedenen Orten stattfinden, selbst auszuprobieren. Es gibt dabei nichts zu verlieren, nur jede Menge zu entdecken und zu gewinnen! Ob daraus dann nur Selbsterkenntnis und persönlicher Erfahrungsgewinn erwächst oder eine ehrenamtliche Tätigkeit, das finden Sie hinterher für sich heraus. Falls Sie an einem Kurs teilnehmen, nutzen Sie dieses Buch bitte eher zum Nachbereiten und lassen Sie sich während des Kurses lieber unvoreingenommen auf das Geschehen ein.

- Wenn Sie bereits eine Ausbildung in ehrenamtlicher Seelsorge durchlaufen haben, dann wünsche ich Ihnen viel Freude und Inspiration bei der Wiederholung, Vertiefung und Reflexion der Kursinhalte! Je nach Art Ihrer Einsätze lassen sich hier Ansätze und Sichtweisen wiederentdecken, und vielleicht beurteilen und gewichten Sie manches aus einer weiterentwickelten Sichtweise neu.

In Gesprächen mit anderen hauptamtlich Seelsorgenden höre ich immer wieder von zwei großen Bedenken bzw. Ressentiments im Bezug auf die Ausbildung und den Einsatz Ehrenamtlicher in der Seelsorge.

Das erste bezieht sich auf die eigene Qualifikation und das eigene Standing im Seelsorgeberuf und mündet in der Frage: »Kann ich das?« Dahinter steht die Sorge, ob die eigene seelsorgliche Ausbildung und Erfahrung gut genug sind, um andere in der Seelsorge ausbilden zu können. Diese Sorge begegnet nicht nur, wie vielleicht zu vermuten, bei berufsjungen Seelsorgenden, sondern auch bei denen, die schon lange Zeit in der Seelsorge, besonders in der Gemeindeseelsorge, tätig sind.

Die andere Sorge bezieht sich, zumindest auf den ersten Blick, auf die Ehrenamtlichen selbst und auf den Unterschied zwischen haupt- und ehrenamtlicher Seelsorge. Viele pastorale Berufsgruppen, nicht nur in der katholischen Kirche, haben viele Jahre um ihr Selbstverständnis, ihre fachliche Anerkennung und Qualität als Seelsorgende ringen müssen. All das in dieser Auseinandersetzung Erreichte nun mit den Ehrenamtlichen »teilen« zu müssen, fällt vielen schwer. Es stellt sich eine ähnliche Frage an die Ehrenamtlichen, wie sie lange Jahre an viele Hauptamtliche gestellt wurde: »Dürfen die das?«

Beide Fragen habe ich mir – vor allem in und nach meiner Ausbildung und in meinen ersten Berufsjahren – selbst immer wieder gestellt. Die fast zehn Jahre, in denen ich nun schon Ehrenamtliche in der Seelsorge ausbilde, haben mich aber mehr und mehr entspannt werden lassen. Im Rückblick stelle ich fest, dass die Arbeit mit den Ehrenamtlichen mich und meine Identität als Seelsorger, aber auch mein seelsorgliches Können immer wieder in Frage gestellt hat. Erfreulicherweise allerdings nicht mit dem Ergebnis einer anhaltenden oder größer werdenden Verunsicherung, sondern mit wachsender Vergewisserung.

Die Ausbildung Ehrenamtlicher in Seelsorge ist ein Lern- und Entwicklungsweg für alle Beteiligten und damit Bildungsarbeit im allerbesten Sinne. Trotz – oder gerade aufgrund – unterschiedlicher Rollen, Vorerfahrungen und Ausbildungen habe ich die Kurse immer als Chance erlebt, miteinander und voneinander zu lernen, gemeinsam zu reflektieren und immer mehr zu verstehen und zu erfahren, was Seelsorge ist.

Seelsorge wie Seelsorgeausbildung geschieht im Dialog zwischen den verschiedenen Generationen an Seelsorgenden, zwischen Seelsorge Lehrenden und Seelsorge Lernenden, zwischen Haupt- und Ehrenamtlichen und, wenn es uns geschenkt wird, auch im Dialog zwischen Mensch und Gott.

Sabine Lutje

begleitet als Seelsorgebeauftragte bei Regens Wagner Erlkam Menschen mit Behinderung ebenso wie Mitarbeitende. Daneben ist sie Kursleiterin im Auftrag des Instituts für pastoralpsychologische Bildung der Erzdiözese München und Freising. Sie leitet den ehrenamtlichen Seelsorgekreis im Pfarrverband Holzkirchen-Warngau. Die studierte Kommunikationswissenschaftlerin, Psychologin, Politikwissenschaftlerin und zweifache Mutter ist zudem Heilpraktikerin in eigener Praxis.

Kontakt
Telefon: 0172 / 89 17 446
E-Mail: sabine.lutje@kabelmail.de

Harald Petersen

ist Pastoralreferent der Erzdiözese München und Freising, Referent für Pastoralpsychologische Bildung und Leiter der Seniorenpastoral im Landkreis Miesbach. Seit fast 20 Jahren ist er freiberuflich als Teamtrainer und Gruppencoach und zunehmend als Supervisor tätig. Der zweifache Vater ist staatlich anerkannter Altenpfleger, Dipl. Sozialpädagoge (FH) und Dipl. Theologe.

Kontakt
Telefon: 0151 / 16 47 64 90
E-Mail: hpetersen@ebmuc.de

Franz Jall

Wortgottesdienste mit Senioren

15 x 21 cm, 192 Seiten, Paperback
ISBN 978-3-7966-1833-8

Wortgottesdienste mit Seniorinnen und Senioren brauchen eine feste und wiederkehrende Struktur, die den Mitfeiernden vertraut ist und Orientierung bietet. Zugleich brauchen sie kreative Elemente, die Zeit geben zur Vertiefung und Verdeutlichung, um die biblische Botschaft mit der persönlichen Biografie in Beziehung zu bringen und das eigene Leben auf Gott hin zu deuten.
Dazu hält dieses Buch viele Vorschläge für den Einsatz von Symbolen, Farben und Figuren bereit. Als Grundstock bieten alle Modelle Hinweise zu Vorbereitung und Gestaltung, Liedvorschläge, ausformulierte Texte bei der Erschließung der Lesungen, Fürbitten und Segen. Alle Modelle haben den Praxistest bestanden und können mit wenig Aufwand von Haupt- und Ehrenamtlichen mit Seniorengruppen gefeiert werden.

Franz Jall, Diplomtheologe und Pastoralreferent, ist Krankenhaus- und Altenheimseelsorger in der Pfarreiengemeinschaft Illertissen sowie Religionslehrer an einer Berufsschule. Davor war er in der Jugendarbeit und in der Gemeindepastoral tätig. Er verfügt über weitere Ausbildungen für die Ehe- und Familienpastoral, zum Kommunikationstrainer, in Gestaltpädagogik und für klinische Seelsorge. Er lebt mit seiner Frau in Illertissen.

VERLAGSGRUPPE PATMOS

PATMOS
ESCHBACH
GRÜNEWALD
THORBECKE
SCHWABEN
VER SACRUM

Die Verlagsgruppe
mit Sinn für das Leben

Die Verlagsgruppe Patmos ist sich ihrer Verantwortung gegenüber unserer Umwelt bewusst. Wir folgen dem Prinzip der Nachhaltigkeit und streben den Einklang von wirtschaftlicher Entwicklung, sozialer Sicherheit und Erhaltung unserer natürlichen Lebensgrundlagen an. Näheres zur Nachhaltigkeitsstrategie der Verlagsgruppe Patmos auf unserer Website www.verlagsgruppe-patmos.de/nachhaltig-gut-leben

Verlagsgruppe Patmos in der Schwabenverlag AG, Ostfildern
www.schwabenverlag-online.de

Umschlaggestaltung: Finken & Bumiller
Illustrationen im Innenteil: Claudia Bichler
Satz und Repro: Schwabenverlag AG, Ostfildern
Druck: Finidr s.r.o., Český Těšín
Hergestellt in Tschechien
ISBN 978-3-7966-1852-9